KB106783

리더의 언어사전

리더의
언어사전

인문학이 경영에 대해 가르쳐주는 25가지 키워드

김동훈

민음사

왜 '리더십'이 아닌 '리더'일까?

미래학자 레이 커즈와일은 『특이점이 온다(The Singularity is Near)』(2005)에서 인공지능(AI)이 2035~2045년에 획기적으로 발전하여 인간의 지능을 앞설 것이라고 예측했다. 그 특이점을 앞두고 있는 이 시점에서 기대와 우려가 교차하지 않을 수 없다. 4차 산업혁명 시대라고 하지만 신기술을 적용하는 속도나 거기에 필요한 전략을 충분히 갖추지 못했다는 점에서는 걱정이 앞선다. 반면 우리를 이끌고 나갈 리더들의 끊임없는 노력과 수고에 기대가 모아지기도 한다.

우리 조직들은 성원들을 효율적으로 이끌기 위한 강력한 커뮤니케이션, 의사 결정, 문제 해결 능력 등을 리더십 교육의 단골 주제로 삼아 왔다. 여기에 새로운 과학기술 접목까지 강조하면서 미래 비즈니스 모델을 제시하기도 했다. 업계는 리더십 기술들을 해마다 도입해 왔지만 여전히 기존 시스템만 고수하고 있다. 디지털 혁신 프로젝트를 추진하거나 도입한 곳은 그리 많지 않기 때문에, 급변하는 오늘의 난국을 헤쳐 나가기에는 아직 역부족이다.

오늘날 경영학의 강조점은 기술 습득에만 의존했던 리더십 교육에서 이제 그 기술을 다루는 리더에게로 옮겨지고 있다. 새로운 기술 트렌드를 수용하는 일보다 통찰과 진정성을 지닌 리더가 필요하다는 각성 때문이다. 팬데믹과 함께 불어닥친 조직력의 약화 때문에 이런 관점의 변화는 더욱 절실하지만, 혁신을 위해서도 꼭 필요하다. 그 혁신이란 구성원의 상호 협력을 바탕으로 한 '플러스알파'에 달려 있다.

'플러스알파'란 개인들이 함께 모일 때 새롭게 창발되는 능력이다. 이때의 능력은 개인들이 혼자 떨어져 있을 때는 발휘되지 않다가 협업할 때 비로소 떠오르는 아이디어 같은 것이다. 그 아이디어에서 혁신이 나온다. 그렇다면 혁신은 협업을 통한 플러스알파다. 하지만 우리 사회는 혁신의 아이디어와 동력을 상실해 가고 있다. 왜 그럴까? 상호 관계가 점점 힘들어지면서 조직에 고립감과 무력감까지 자연스럽게 퍼지고 있기 때문이다.

이런 상황에서 리더는 단순히 팀이나 조직을 관리하는 데

머물지 않고 전 구성원의 성장을 촉진해야 하며, 인간 전반에 대한 이해가 풍부해야 한다. 사람됨을 우선하는 리더라야 자신도 성장할 뿐만 아니라 구성원 간의 상호 작용 및 협력 관계 구축 능력도 갖출 수 있다. 이런 리더가 조직에서 존재감을 드러낼 때 조직은 차별성을 지닐 것이다.

인간을 이해하려는 시도는 그리스 고전 이후로 줄곧 계속되었고, 로마 공화정 시대 정치가이자 철학자였던 키케로를 통해 인간성에 대한 개념이 정립됨으로써 가속화되었다. 인문학(Humanity)에 대한 키케로의 정의에 따르면, 인간은 지성, 감성, 인성의 3요소를 통해 인간됨(Humanism)을 지니게 된다. 키케로는 인간성을 이해할 뿐만 아니라 "사람의 정신(mens)과 의지(voluntas)를 이끄는 것"(『연설가에 관하여』1.30)을 리더의 필수 자격으로 보았다. 의지를 이끄는 것은 오늘날의 '동기 부여'를 말한다.

인간성을 잘 이해하도록 훈련된 리더는 각 조직에 유연한 인간관계를 형성할 것이며, 단순한 비즈니스 전문가, 커뮤니티 조직자를 넘어 사물을 꿰뚫어 보는 안목을 지닐 것이다. 다른 사람들에게 영감을 주고 영향력을 행사하는 동시에 진실성과 공감을 보여 줄 것이다.

그런 점에서 이 책은 리더의 기술 자체에 대한 탐구만이 아니라, 그 기술을 부리는 리더의 사람 됨됨이에 방점을 찍었다. 리더가 알아야 할 네 가지 필수 개념인 리더, 조직, 인문, 인재를 중심으로 스물다섯 개의 키워드를 뽑아서 리더는 어떤 사람이며, 어떻게 행동해야 하는지를 다루었다.

지금 우리 사회는 그 어느 때보다 인간관계 능력을 갖춘 인재들을 필요로 한다. 그 인재들이란 자신이 진정 원하는 삶을 사는 사람들이고, 자신이 진정 원하는 삶을 산다는 것은 힘겹고 벅차고 후회하고 포기하고 싶은 순간들 속에서도 현명한 선택을 한다는 것이다.

가슴속에 자신만의 꿈을 품고 살아가지 않는 사람은 없다. 하지만 현실이라는 벽 앞에서 좌절하기도 하고 때로는 새로운 도전을 시작하기도 한다. 평범한 직장인으로서 하루하루 쳇바퀴 같은 일상을 살아가고 있다면 '내가 정말 원하는 삶은 무엇일까?'라는 질문을 스스로에게 던져 보자. 진정 자신이 원하는 삶을 살면서 다른 사람에게도 그런 삶을 안내하는 사람이 진정한 리더일 것이다.

이 책의 키워드 선정은 기업의 교육 담당 강사들과 협업으로 이루었다. 나는 그렇게 선정된 100개의 키워드를 선별하여 팬데믹 기간에 기업 강사들을 대상으로 강의했다. 고대 그리스어와 라틴어를 중심으로 분석한 후 현대 리더십 이론과 비교 검토

했다. 그 가운데 우선 25개만 이 책에서 소개한다. 키워드는 사람들에게 영향력을 미치는 중요한 단어다. 따라서 어떤 키워드를 선택하느냐에 따라 결과가 달라진다. 이런 키워드 탐구가 인간성에 기반한 경영을 실천하는 데 조금이나마 도움이 되기를 바란다.

차례

2부 '복잡계' 경영

3부   인문 경영

4부   인재 경영

리더 경영

1

leader

1

무엇이 '리더'를
만드는가

설득력
신빙성
신뢰감

리더는 그저 안내하는 사람이 아니다.
자신이 본 것, 즉 비전이 있기 때문에
보여 줄 게 있는 사람이다.

마틴 루서 킹

마하트마 간디

빅토르 위고

빅토리아 여왕

에이브러햄 링컨

찰스 다윈

여기 있는 사람들의 공통점은 이들 모두가 리더(leader)라는 것이다. 이들이 리더인 이유는 리더에 대해 우리가 정의하는 바와 잘 들어맞기 때문이다. 그렇다면 과연 리더란 누구를 가리키는가?

'리더'라는 단어는 여러 가지 의미를 내포하는데 그중에서도 정확한 의미를 골라내 정의를 내려야 한다.

'문제 제기'란 무엇인가

리더를 '이끄는 사람'이라고 정의해 보자. 이 정의를 토대로 우리의 리더를 생각해 보자. 예를 들어 대통령은 이끄는 사람인가? 이 범위 안에 들어가면 리더이고 안 들어가면 리더가 아니다. 하지만 '이끄는 사람' 범위에 들어갈지라도, 리더의 정의를 두고 논쟁이 벌어질 수도 있다. 리더를 정의한다는 것은 상당히 어려운 문제다.

'정의'를 뜻하는 영어 '데피니션(definition)'은 '데피니레(definire)'라는 라틴어에서 왔다. '경계'를 정한다는 뜻이다. 리더의 정의를 내리려면 리더의 경계를 정해야 한다. 정의 내린다는 것은, 이전에는 없었던 경계를 정하고 그 경계에 이러저러한 여러 가지 사물들이 포함되는지 아닌지를 생각하는 것이다. 경계를 정해 놓고 그 경계에 어떤 개념이 들어맞는지 아닌지를 따지는 것, 이것이 바로 '데피니션'이다.

정의를 내리는 과정에서 그 경계 설정에 대해 다른 의견을 제시하는 것을 '문제 제기', 즉 '프라블럼(problem)'이라고 한다. 그리스어로 '프로(πρό)'는 '앞'을, '발로(βάλλω)'에서 온 '블럼'은 '던지기'를 뜻한다. 따라서 기존에 규정한 정의에 대해 그 앞에 다른 경계 설정을 내놓는 것이 '문제(제기)'다.

고대 수사학에서 프라블럼은 이렇게 어떤 정의에 대해 문제를 제기하는 것이다. 따라서 '문제 제기'는 정의와 아무 관련 없이 아무렇게나 질문하는 것이 아니다. 정의를 내릴 때는, 그 경계 안에 어떤 사안이 들어가고 안 들어가는지를 살펴야 한다.

리더의 경계는 무엇인가

무엇인가를 정의할 때 가장 기본적인 접근 방법은 그 어휘를 분석하는 것이다. 그러니까 '리더'는 어원에 의하면 '리드'를 하는 사람, 즉 인도자, 안내자가 가장 기본적인 뜻이 된다.

'리드하는 자'의 개념은 그 기원이 고대 그리스까지 올라간다. 철학적으로 굉장히 심오한 차원을 갖고 있으며 그 개념의 뿌리가 아주 깊다. 따라서 지금 우리가 사용하는 단어 '리더'는 고대 그리스에서 그 기원을 찾을 수 있다.

인류는 플라톤이 살았던 기원전 4세기부터 리더를 인도자와 관련하여 생각하기 시작했다. 인도자라는 의미가 나타나는 그리스어는 '파이다고고스(παιδαγωγός)'다. 현대 영어에서 보통 '선생', '교사'로 번역되는 '페다고그(pedagogue)'가 여기서 나온 말이다. 같은 어원을 가진 '페다고지(pedagogy)'는 '교육'이라는 뜻이다.

이 용어를 자세히 보면 '파이도스(παιδὸς)'(아이의)와 '아고고스(ἀγωγός)'(안내하는)가 결합된 말이다. 그리스어의 형용사는 명사로도 쓰일 수 있기 때문에 '안내하는'이라는 말은 곧 '안내자'를 뜻한다. 즉 교사란 어린이를 인도하는 자다. 그리스어 '파이스(아이)'는 아이만을 뜻하지 않고, 피교육자일 경우 어른을 포함하기도 한다. '선생'이란 나이가 많든 적든 누군가를 인도하는 사람인데, 오늘날로 치면 '리더'에 가깝다. 지금 우리가 자주 사용하는 리더가 결국은 '안내하는(아고고스)' 사람, 즉 안내자인 것이다.

리더란 '아름다움을 본 사람'이다

그렇다면 안내자인 리더는 우리를 어디로 안내하는 것일까? 플라톤의 『향연』을 보자.

"저 아름다움을 향하여 위로 올라가되 마치 사다리를 올라가듯이 세상 개개의 아름다운 것들로부터 출발하여 (……) 마침내 완성된 아름다움을 알 수 있습니다. 인생은 (……) 아름다움 자체를 바라봄으로써만 살 만합니다."

—플라톤,『향연』(211b~d)에서

플라톤이 살던 시기는 정치적 격변기였다. 그 격변기에 스승 소크라테스가 죽었다. 플라톤은 스승의 죽음을 목도하고는 정치는 절대 안 하겠다고 결심해서 공부를 택한 사람이다. 위에 인용한 글이 바로 플라톤이 공부를 택한 이유를 알려 주는 대목이다. 플라톤이 학원 아카데미아를 세운 이유는 돈을 벌기 위해서가 아니라, '아름다움'을 바라봄으로써 인생이 살 만한 가치가 있다고 알리려 했기 때문이다.

그렇다면 리더는 아름다움으로 인도하는 사람인데, 여기서 중요한 것은 리더가 아름다움을 알아야 한다는 점이다. 아름다움을 모르면서 다른 이를 그 아름다움으로 이끌 수는 없다.

그런데 아름다움으로 오르려면 사다리가 필요하다. 철학에서는 이것을 플라톤의 '사다리 비유'라고 한다. 리더는 저 아름다움을 향하여 위로 올라가되, 마치 사다리를 타고 올라가듯이 세상 모든 것의 아름다움을 하나씩 하나씩 딛고 마침내 '완성된 아름다움'을 발견한 사람이다. 그래서 리더는 아름다움 그 자체를 바라봐야 인생이 살 만한 가치가 있다는 걸 알고 '먼저' 사다리를 타고 올라가서 보았던 아름다움을, 타인에게 가르치거나 사랑하는 사람에게 알려 준다.

리더란 '미로 위에서' 내려다보는 사람이다

그렇다면 아름다움은 대체 무엇일까? 아름다움이란 그리스어로 '칼론(καλὸν)'인데, 플라톤 철학으로 쉽게 이해하자면 진선미(眞善美)가 모두 들어 있는 개념이다. 리더는 무엇이 진리이고 무엇이 선이고 무엇이 미인지를 알아야 한다. 아름다움은 개개의 아름다운 것들로부터 출발한다. 세상에 있는 개개의 아름다운 것들로부터 출발해서 그다음 좀 더 아름다운 것으로 상승하여 완성된다. 그래서 '완성된 아름다움'이란 부분만 봐서는 알수 없다.

리더는 어떤 사람인가? 사다리를 타고 올라가면서 아름다움이 완성돼 가는 과정과 절차를 바라본 사람이다. 그저 안내하는 이가 아니라 자신이 본 것이 있기 때문에 보여 줄 것이 있는 사람이다. 그래서 리더가 되려는 사람은 아름다움을 본 사람이어야 한다. 아름다운 것이 무엇인지 모르고 무엇을 보아야 할지도 모른다면 리더 자격이 없는 셈이다.

또한 리더는 각각의 부분을 보면서 그 부분이 결합되어 있는 전체를 보는 사람이다. 미로에서 길을 찾는 좋은 방법은 위에서 조망하는 것이다. 리더는 미로 위에서 내려다보는 시각을 가진 사람이다. 세상은 미로와 같다. 계속 예전과 같은 시각으로 길을 찾아다닌다면 같은 곳만 맴돌 수도 있다. 리더가 미로 안에서 헤맨다면 그가 어디론가 안내를 한들 구성원들과 함께 같은 장소만 맴돌 뿐이다.

구성원들은 리더가 전체를 위에서 내려다보면서 자신들을 미로에서 이끌어 내어 목표한 곳까지 인도해 내리라 여기고 따라간다. 그런데 정작 리더가 위에서 보는 사람이 아니라면 리더 자신뿐만 아니라 그 추종자들도 결국 미로를 빠져나오는 데 실패하게 된다.

'보는 사람'이 비전을 보여 준다

전체를 보지 못하는 리더는 안내할 수 없다. 플라톤의 말로 바꾸면, 리더란 좋음의 이데아를 보았기에 다른 이들을 거기로 안내하는 사람이다. 플라톤의 이데아 사상에서 '이데아'는 '보인 것'이라는 뜻이다. 그래서 리더는 보는 것이 중요하다. 흔히 리더는 비전이 있어야 한다고 말하는데, 비전(vision)은 라틴어로

'보다'라는 뜻의 '비데레(videre)'에서 온 말이다.

리더는 비전을 가진 사람이다. 리더의 가장 큰 자질은 비전, 즉 '보는 것이 다르다'는 점이다. 기업을 일으켰던 많은 사람들은 그러한 비전을 가지고 있었다. 그 기업을 이어받은 사람들은 계속 그 비전을 보면서 리더가 되고, 또 자신이 본 비전으로 구성원들을 안내하고, 다시 그 비전을 보는 사람이 리더가 되게 한다. 비전이 없는 사람들, 아름다움을 볼 수 없는 사람들은 리더가 될 수 없다. 설령 되더라도 오래갈 수 없다.

'피스티스'가 리더를 만든다

그렇다면 무엇이 리더를 만드는가? 결론부터 말한다면, 설득력, 신빙성, 신뢰감이 리더를 만든다. 그리스어에서 설득력, 신빙성, 신뢰감을 모두 포함하는 단어가 '피스티스(πίστις)'다. '피스티스'는 고대 수사학에서 논의되어 온 중요한 주제다.

피스티스가 리더를 만든다. 이 말을 살짝 바꾸면, 리더는 피스티스를 갖고 안내하는 사람이다. 피스티스는 대부분 '설득'으로 번역된다. 수사학은 흔히 '설득을 위한 기술'로 정의된다. 수사학은 연설을 비롯하여 말하는 기술을 가르치는 것이므로, 연설의 목표는 설득이라는 의미가 된다. 하지만 피스티스는 설득만이 아니라 더 넓은 의미, 그러니까 신빙성, 신뢰감이라는 의미도 갖고 있다. 그렇기 때문에 수사학의 목표는 설득력, 신빙성, 신뢰감을 모두 포함한다는 점에 주의해야 한다.

신약성서 「로마서」에는 "마음으로 믿어 의에 이르고 입으로 시인하여"(롬 10:10)라는 구절이 있다. 여기서 '믿다'가 '피스티스'의 동사인데, 마음으로 믿을 뿐만 아니라 입으로도 인정해야 한다. 즉 '피스티스'가 마음의 작용이기도 하지만 입으로 하는 작용과도 관련이 있다는 뜻이다.

설득력, 신빙성, 신뢰감 중에서 마음과 관련된 것은 무엇인가? 신뢰감이다. 입과 관련된 것은 설득과 신빙성이다. 우리나라 말에서는 설득력, 신빙성, 신뢰감이 각기 다른 뜻을 갖지만, 고대 그리스어에서는 동일한 한 단어 '피스티스'에 모두 포함된다. 세 가지 개념이 모두 녹아 있는 '피스티스'가 바로 오늘날 리더에게 반드시 필요한 요소다.

신뢰 또는 설득은 고대 수사학에서 아주 중요한 개념일 뿐만 아니라 현대 커뮤니케이션 이론에서도 중요한 주제다. 프랑스 문학비평가 제라르 주네트(Gérard Genette)는 고대 수사학이 근대 이후 수사법에만 치우쳤다는 뜻에서 '줄어든 수사학'이라고 우려했다. 하지만 최근에 커뮤니케이션이 강조되면서 수사학은 명

실상부 원래의 자리를 차지하게 된다.

현대에 커뮤니케이션학이 급부상하는 이유는 어떤 조직이나 집단, 공동체에서도 의사소통 기술이 필요하기 때문이다. 의사소통을 무시하고 우리가 할 수 있는 일은 없다. 그런데 이 커뮤니케이션의 뿌리를 계속 찾아가면 고대 수사학에까지 이른다. 그만큼 수사학은 우리 삶에 필수적인 학문이다.

커뮤니케이션을 하는 당사자들 간에는 수사학에서 말하는 '피스티스'가 필요하다. 그러니까 상호 간에 설득력도 있어야 하고 신빙성도 있어야 하고 신뢰감도 있어야 한다. 즉 리더 차원에서의 '피스티스'도 필요하며, 팔로어 차원에서의 '피스티스'도 필요하다.

그런데 선후 관계를 따진다면, 리더 차원이 먼저여야 한다. 리더가 설득력, 신빙성, 신뢰감이 있어야 팔로어가 리더를 보고 신빙성을 갖고 신뢰를 하게 된다. 그러면 팔로어도 이러한 '피스티스'를 보이게 되는 것이다.

2장에서는 리더가 갖춰야 할 설득의 3요소를 살펴보겠다.

1   "리더란 '아름다움을 본 사람'이다. 리더가 아름다움을 모르면 다른 이를 그 아름다움으로 이끌 수 없다."

아름다움을 볼 수 있는 선명한 눈을 스스로 가리고 있는 것은 아닌지 생각해 보자.

2   "리더는 '먼저' 사다리를 타고 올라가서 본 아름다움을, 타인에게 가르치거나 사랑하는 사람에게 알려 준다."

나에게는 어떤 목표가 도달해야 하는 이데아인가?

3   "미로에서 길을 찾는 좋은 방법은 위에서 조망하는 것이다. 리더는 미로 위에서 내려다보는 시각을 가진 사람이다."

지금 나는 누구에게 안내자 역할을 하고 있으며, 그들에게 무엇을 보여 주고 싶어 하는가?

4   "그리스어 '파이다고고스'는 안내하는 사람을 말한다. 리더는 사람들을 자신이 본 비전으로 안내하는 파이다고고스다. 리더는 비전을 가진 사람이다."

내 인생의 비전은 무엇인가? 내가 안내하는 그 길이 비전을 향해 가는 올바른 길인가?

설득의 3요소

로고스
파토스
에토스

리더는 먼저 '로고스'를 던지고,
'파토스'를 통해 감정을 전달한 다음에
'에토스'로서 변화를 유도한다.

리더가 어떤 말을 했을 때 신빙성이 있고 신뢰감이 가서 다른 사람을 설득할 수 있다면, 리더와 구성원 간에 상호 '피스티스'가 형성된다. 리더로서는 구성원을 설득한 것이고 구성원으로서는 리더를 신뢰한 것이 된다. '피스티스'는 이렇게 '쌍방 간'에 형성되는 개념이다. 상호 관계가 깨지면 '피스티스'는 불가능하다.

그리스어 '피스티스'는 영어로 보통 '페이스(faith)'라고 번역한다. 만약 '피스티스'의 대상이 신이라면(faith of God) 신을 향한 신뢰(믿음)를 뜻한다. '피스티스'는 여러 가지 의미를 내포하는데 여기서는 설득, 신빙성, 신뢰 가운데서도 '신뢰'가 적절하다. '신을 설득하다'라는 표현은 쓰지 않기 때문이다.

하지만 '피스티스'가 인간관계에서 사용될 때면, 설득이나 신빙성이라는 의미도 포함한다. '피스티스'는 그 대상이 부모라면 효성이 되고 그 대상이 친구라면 우정이 되는 것이다.

설득과 신뢰가 있는 공동체는 커뮤니케이션이 제대로 작동하는 것이다. 설득과 신뢰라는 상호적인 관계를 형성할 수 있는 사람이 바로 리더의 자격 요건을 갖춘 것이다. 반면 '피스티스'가 없으면 독선적 리더, 권력형 리더가 되거나 혹은 실제 그렇지 않더라도 그렇게 보일 수 있다.

설득의 3요소

'피스티스'를 갖추기 위해서는 세 가지 요소가 필요하다. 보통 수사학에서 '설득의 3요소'라고 하는데 신뢰를 위한 3요소로 이해해도 된다. 그 3요소는 우리가 잘 아는 지(知)·정(情)·의(意)를 말한다. 지·정·의는 신뢰성을 키우는 3요소이자 다른 사람을 설득할 수 있는 3요소다. 키케로에 따르면, 지·정·의는 또한 '인간됨의 3요소'이기도 하다. 지정의는 그리스어로 각각 로고스(λόγος), 파토스(πάθος), 에토스(ἔθος)를 말한다.

'로고스(logos)'는 지적 영역과 언어 영역을 뜻한다. 원래는 그리스어 '레고(λέγω)'에서 온 말인데 '말하다', '모으다'라는 의미다. 말하기 위해서는 우선 어떤 자료들이 모여야 하고, 자료들을 분류할 때 일종의 지적 작용이 발생하며, 거기서 어떤 법칙을 발견하면 그것이 언어로 표현될 수 있다.

데이터들이 모이면 거기서 법칙을 끌어내고, 그것을 언어로 만들어 내는 지성이 작동해야 한다. 사람을 설득하려면, 또는 사람에게 신뢰를 주려면 리더에게 이러한 지성의 작용이 있어야 한다. 그런데 리더가 지성이 없다면 충분한 데이터를 가지고도 거기서 어떤 법칙을 끌어내지 못하기에, 구성원들에게 신뢰감을 줄 수 없고 설득할 수도 없게 된다.

'파토스(pathos)'는 감정에 해당한다. 뭔가를 경험하고 체험해서 마음에 남은 것을 말하는데 영어 '패션(passion)'의 뿌리어다. 파토스, 즉 체험해서 내 마음속에 남겨진 것은 부정적일 수도 있고 긍정적일 수도 있다. 어떤 것을 보고 분노하기도 하고 어떤 일을 겪고 기뻐하기도 한다.

리더는 설득이나 신뢰를 위해 파토스를 활용할 때 이를 유념해야 한다. 파토스를 가진 리더가 사람들한테 파토스를 강요해서는 안 된다는 의미다. 좋은 리더는 지·정·의를 고루 갖추어야 한다. 로고스, 파토스, 에토스가 서로 지지하고 보완하는 방식으로 설득해 나가야 신뢰를 얻을 수 있다. 파토스만 강조되면 설득력이나 신뢰성이 떨어진다.

마지막으로 '에토스(ethos)'는 '윤리학'을 뜻하는 영어 '에틱스(ethics)'의 뿌리어다. 원래 그리스어 '에소(ἔθω)'에서 왔으며 본뜻은 '익숙하다'이다. 익숙해지는 것이 에토스에 해당하는데 이는 그냥 마음만 먹는다고 되는 것이 아니라 반복되는 특정 행동으로 나타난다. 그래서 에토스는 관습, 습관, 윤리 등과 관련된다.

우리는 윤리를 정신 작용으로만 생각하는 경향이 있지만, 사실은 그렇지 않다. 윤리란 오랫동안 익숙해져서 행동으로까지 드러나는 것을 말한다. 리더는 몸에 밴 행동으로 구성원을 설득해야 신뢰를 얻을 수 있다.

리더는 구성원과 커뮤니케이션을 할 때, 어떻게 소통해야 할까? 먼저 '로고스'를 앞에 던져 줘야 한다. 지적인 요소들을 계속 나열하고 구성원들에게 '파토스'를 통해 감정적 요소를 곁들인다. 예화를 들어서 감정적 요소를 강조한다. 그런 다음에 '에토스'를 얘기한다. 의지를 갖고 변화할 것과 힘쓸 것을 말한다.

이런 방식으로 설득 또는 신뢰의 3요소를 잘 활용하면 구성원들과 바람직한 소통을 하게 된다. 로고스와 파토스, 에토스 방식으로 이야기하는 것은 고대 그리스에서부터 지금까지 전해진 수사학의 핵심이다.

지금 자신은 리더로서 다른 팔로어들에게 감성적인 자극을 주려고 하는지, 인성적인 자극을 먼저 주려고 하는지, 지성적인 자극을 더 많이 주려고 하는지, 또는 신뢰성을 주려고 하는지, 단순히 안내만 하고자 하는지 다시 한번 숙고해 보자.

리더의 사각지대

로레타 맬랜드로(Loretta Malandro) 박사는 『거침없는 리더십(Fearless Leadership)』에서 '리더의 사각지대'를 언급했다. 리더가 못 보는 사각지대 열 가지를 살펴보자.

첫째, 혼자 하는 것은 위험하다. 인간관계로 나와야 하는데 혼자 생각하고 혼자 원칙을 정해서 그것만을 주장한다면 설득력을 얻기 힘들다. 리더는 이상을 보고 그 이상을 다른 구성원들에게도 설득할 수 있어야 한다. 팔로어들에게 신뢰할 만한 비전을 제시하면서 조직을 이끌어야 한다. 혼자만의 생각으로 세운 이상은 약점을 갖기 마련이다.

둘째, 다른 사람에게 둔감해서는 안 된다. 그러니까 다른 사람의 감정이 어떨지, 말 한마디가 어떤 상처를 줄 수 있을지에 대해 둔감하면 사각지대에 빠진다.

셋째, 나는 다 안다는 태도는 설득력을 잃는다. 알아도 겸손해야 한다. 왜냐하면 자신이 아는 영역 안에서는 옳을지라도 그것이 다른 영역까지 확대될 때는 틀릴 수 있기 때문이다.

넷째, 어려운 대화를 회피해서는 안 된다. 어떤 리더는 어려운 질문이나 대화에 대해서는 회피하거나 화를 낸다. 오히려 정면으로 돌파해야 문제가 해결되는데 말하기를 꺼리면 팔로어들이 불신하는 사각지대가 생기는 것이다.

다섯째, 다른 사람이나 환경을 탓해서는 안 된다. 리더가 빈번하게 이러저러한 변명을 늘어놓거나 계속 사과하는 것도 문제가 된다.

여섯째, 약속을 가볍게 여겨서는 안 된다. 말을 해 놓고 지키지 않는 것은 신뢰성을 떨어뜨린다.

일곱째, 다른 사람에 대해 험담하면 구성원들은 리더에게 마음을 열지 않는다. 리더가 누군가에게 자신을 이해할 것 같은 마음으로 제3자를 험담하더라도, 상대방은 리더가 또 다른 사람과 이야기할 때는 자신을 험담할까 두려워하게 된다.

여덟째, 리더가 어떤 일을 할 때 감정적으로 몰입하지 않는 것을 팔로어들은 달가워하지 않는다. 청자들은 자신들의 이야기에 집중해 주고 공감해 주고 자신들의 감정 흐름을 따라가 주기를 원할 것이다. 말을 할 때는 감정의 흐름을 타야 한다. 자신은 감정에 휘둘리지 않는다는 태도로 때와 장소에 따른 감정들을 무시해서는 안 된다.

아홉째, 입장을 분명히 밝혀야 한다. 어떤 입장을 밝혀야 할 때 입장을 밝히지 않으면 '저 사람 뭐야? 솔직하지 않은 거 아니야?'라는 평을 들을 수 있다.

열 번째, 완벽주의자처럼 보이도록 모든 것을 너무 쉽게 처리해서도 안 된다. 책임 의식이 몸에 배어 실수가 없다면 괜찮은데 만약 실수가 있음에도 불구하고 안 그런 척하는 것은 위선이다. 또한 무엇이든지 너무 쉽게 처리해서 자기의 실수에 대해 변명하거나 책임을 지지 않으려는 것도 올바르지 못한 태도다.

이 가운데서 내가 가장 극복하기 어려운 사각지대는 무엇인가? 신뢰성을 회복하기 위해 이 열 가지 '리더의 사각지대'에 주의하자.

보르헤스의 우주

위대한 작가들 가운데 시야를 우주로 확장하면서 보이지 않는 미래까지 본 사람이 있다. 바로 호르헤 루이스 보르헤스(Jorge Luis Borges)다. 아르헨티나의 작가 보르헤스는 거의 평생을 도서관 사서로 살았다. 그는 눈이 점점 안 보이는 유전병이 있어서 시야가 흐려지던 스물네 살에 수술을 받았지만 결국 시력을 잃었다.

그래서 보르헤스는 나중에 오디오로 책을 들었다. 다른 사람에게 읽어 달라거나 또는 녹음해 달라고 해서 독서를 지속했다. 하지만 역설적으로 눈이 안 보이는 보르헤스는 우주까지 확장되는 이야기를 들려주었다. 놀라운 것은, 보르헤스에게 영향을 받은 많은 건축가들이 보르헤스가 써 놓은 소설에 있는 공간 구조를 밝혀 기하학 구조라고 설명한다는 점이다.

이런 구조와 관련된 대표적 작품이 「바벨의 도서관」이다.

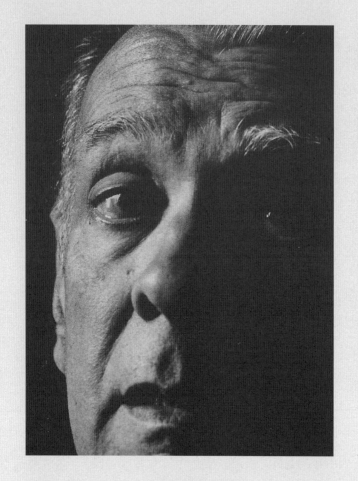

호르헤 루이스 보르헤스(1968년)

위대한 작가들 가운데 시야를 우주로까지 확장하면서 보이지 않는
미래를 본 사람이 있다. 바로 호르헤 루이스 보르헤스다.

보르헤스가 바로 리더의 좋은 본보기가 된다. 지·정·의를 모두 동원한 보르헤스의 설득력은 추종자들에게 자신의 소설이 허황된 이야기가 아니라 눈에 볼 수 있는 건축 구조라는 확신을 주었기 때문이다. 보르헤스는 자신이 본 것, 곧 비전으로 사람들을 이끌었다. 보르헤스야말로 진정 대단한 리더다. 이러한 설득의 힘이 그리스 철학에서부터 보르헤스에 이르기까지 계속해서 이어지는 중요한 주제였다.

'거울자아'라는 심리 용어가 있다. 미국의 사회학자 찰스 호턴 쿨리(C. H. Cooley)가 제시한 개념으로 타인이 자신을 어떻게 바라보고 있는가에 따라서 자신의 정체성이 형성된다는 이론이다. 사람들은 주로 다른 사람들이 자신을 어떻게 보고 있는지 사회적 시선을 의식하면서 자신을 거기 맞춰 나간다. 사회 역시 이런 각각의 사람들이 만든 정체성으로 형성된다.

'거울자아'는 자신이 다른 사람을 보고 다른 사람은 또 자신을 보면서 정체성을 형성한다는 개념이다. 서로 바라보는 모습에 따라서 서로의 정체성을 만들어 가며 사회도 개인도 상호 영향을 주면서 정체성을 형성해 간다. 리더는 자신과 관계하는 사람을 설득하기도 하고 지지해 주기도 하면서 스스로 신념을 형성해 간다.

이제 마무리하자. 사실 사람들에게는 보통 부모의 모습이 그대로 답습되어 있기 마련이다. 따라서 우리는 유년기에 자신을 리드했던 부모의 방식 가운데 어떤 점이 자기 안에 남아 있는지 성찰해야 한다. 이 성찰은 매우 중요하다.

리더로 자립하기 위해서는 부모의 영향부터 살펴봐야 한다. 그런 다음 안내, 신뢰, 지성, 감성, 인성 등 다양한 부분에서 무엇이 문제이고 또 무엇이 장점인지를 점검해 봐야 한다. 자신에게 질문해 보자.

1   "리더에게 피스티스가 없으면 독선적·권력형 리더가 되거나, 혹
    은 그렇게 보일 수 있다."

    나는 설득과 신뢰가 있는 리더인가, 권력형 리더인가?

2   "피스티스를 갖추기 위해서는 로고스, 파토스, 에토스가 필요하
    다. 이러한 지·정·의는 인간됨의 3요소이기도 하다."

    **리더로서 조직의 신뢰를 위해 지·정·의를 적용한 사례가 있는
    지 말해 보자.**

3   "먼저 '로고스'를 논리적으로 제시해야 한다. 그리고 감정적인 요
    소 '파토스'를 곁들인다. 그런 다음에 의지적 변화를 끌어내는 '에
    토스'를 강조한다."

    **오늘 회의에서 나는 의지적인 변화를 끌어낼 만한 논리적인 힘
    과 감정적인 공감을 발휘했는지 돌아보자.**

4   "어려운 대화를 회피해서는 안 된다."

    **꼭 해야 할 말을 미루거나 말하기 불편해서 대화를 회피하다가
    곤란한 적이 있는지 점검해 보고, 어떤 교훈을 얻어야 할지 생각해 보자.**

5   "'거울자아'는 자신이 다른 사람을 보고 다른 사람은 또 자신을
    보면서 상호 정체성을 형성한다는 개념이다."

    **부모는 아이들의 거울이듯, 리더는 구성원들의 거울이다. 자신
    의 됨됨이를 먼저 성찰하자.**

3

전체는
부분의 합보다 더 크다

시스템과 시너지
융합과 창발성

A와 B가 '융합'하면 각각의 성질 외에
다른 특징이 나타나는데,
이 플러스알파가 바로 '창발성'이다.

1949년 오스트리아의 생물학자 루트비히 폰 베르탈란피(Ludwig von Bertalanffy)는 아리스토텔레스의 시스템 개념을 새롭게 개념화했다. 핵심적으로 말하자면 전체는 부분의 합보다 더 크다는 것이다. 1970년 이후 '조직'이라는 개념의 너무 경직된 뉘앙스 탓에 다른 식의 접근을 많이 해 왔다. 물론 아직도 조직이라는 말을 그대로 쓰기는 하지만 거기에 다양한 요소들을 포함시키고 있다.

현대 조직 이론은 그 기원이 아리스토텔레스라고 할 수 있다. 조직이라는 것은 메타적 차원을 지닌다. 왜냐하면 여러 개의 구조를 봐야 하기 때문이다. 흔히 '조직' 하면 어떤 집단의 구조를 먼저 생각하지만 거기엔 사상 체계라는 의미도 있다. 예를 들어, 철학의 체계를 논의하면 우리는 그것을 조직철학이라고 한다. 신학에도 조직신학이 있고 수사학에도 조직수사학이 있다. 조직이 어떻게 펼쳐지는지 구체적으로 살펴보자.

시스템과 시너지

우선 '시스템'이란 무엇인가? '시스템'이라는 말을 강조한 사람은 아리스토텔레스였다. 그는 자연학을 연구했는데 특히 동식물과 인간까지 포함한 생물학 전체를 하나의 체계, 즉 시스템으로 꿰뚫어 보려고 노력했다. 이 시스템 속에서 발견되는 놀라운 측면은 부분이 합쳐져 전체가 될 때 무엇인가가 더 추가된다는 점이다.

예를 들어, 1에 1을 더할 때 단순히 2가 되는 것이 아니라 '플러스알파'가 생긴다. 그러니까 "전체는 부분의 합보다 더 크다."라고 이해할 수 있다. 굉장히 놀라운 발견이다. 이로 인해 아리스토텔레스의 후계자들이 과학을 매우 획기적으로 발달시키게 된다.

시스템의 뿌리어 '쉬스테마(σύστημα)'는 '쉰(syn)'과 '히스테미(histemi)'가 결합된 동사의 명사형이다. 'syn'은 '하나로' 또는 '함께'라는 뜻이고 'histemi'는 '서 있다'라는 뜻이므로 시스템은 '함께 서 있음'을 뜻한다. 보통 하나로 나열되어 통일성이 생긴 무언가를 계열 또는 조직이라고 한다. 여기서 강조할 것이 있는데 '하나로' 또는 '함께' 있다는 것은 많은 부분들이 하나를 향해서 있다는 점이다.

이때 단순히 서 있는 게 아니라 '플러스알파'가 생긴다는 점에 대하여 아리스토텔레스는 곰곰이 파고들었다. 모든 생명체는 분명 부분이 합쳐지는데 거기에 부분의 합보다 더 큰 뭔가가 생기는 현상이 있다. 또 생명체뿐 아니라 무생물에서도 서로

아리스토텔레스

조직이론은 그 기원이 아리스토텔레스다. 오스트리아 생물학자 루트비히 폰 베르탈란피는 아리스토텔레스의 '시스템' 이론을 새롭게 발전시켰는데, 요약하자면 "전체는 부분의 합보다 더 크다."라는 개념이다.

합쳐질 때 부분들의 합보다 더 커지는 현상이 있음을 발견한 것이다.

전체가 부분의 합보다 더 크다는 개념은 '시너지'라는 말에서도 분명히 찾을 수 있다. 영어의 'synergy'는 그리스어 '쉰에르기아(συνεργία)'에서 왔다. '쉰'은 '함께' 또는 '하나'라는 의미이고, '에르기아'는 '작품', '결실'이라는 '에르곤(ἔργον)'과 관련된 말이다. '시너지'는 '함께 하나로 만들어 낸 것' 내지 '만듦'을 의미한다. 따라서 '시너지' 자체가 지금까지 얘기했던 부분들의 합과 더불어 거기서 생기는 창발성까지 포함하게 된다.

사실 아리스토텔레스가 '쉰에르기아'라는 말을 직접 언급한 것은 아니며 문헌상으로 이 말은 헬레니즘기 훨씬 이후에 나타났다. 아리스토텔레스 이후 '쉰에르기아'는 무언가가 서로 결합될 때 어떤 예측하기 힘든 결과까지도 포함되는 현상을 가리키게 되었다.

아리스토텔레스는 부분들이 모여 하나가 되는 체계를 늘 염두에 두었다. 여기서 부분들이 있다는 것에는 우선 경계가 있다는 점이 전제되어야 한다. 그 경계에서 개인의 고유성과 자립이 강조된다. 질료들이 모여 있다는 것은 질료들 사이에 어떤 경계와 틈이 전제되어야 하며 그래야 질료들이 결합할 때 알파가 생긴다는 것이다. 그리고 전체는 부분의 합보다 더 크다고 할 때

알파가 생길 수 있는 여지를 부분과 부분의 경계 내지 틈에 두었던 것이다.

알파는 '경계-카오스'에서 생겨난다

존재하는 모든 것은 어떤 장소(토포스) 속에 있다. 즉 어떤 장(코라)을 점유하고 있어야만 한다.

—플라톤, 『티마이오스』에서

플라톤은 모든 존재가 장소 속에 있으며 '장(코라)'을 점유한다고 생각했다. 그는 '코라'의 개념을 질료로 봤다. 반면에 아리스토텔레스는 '코라'를 질료의 경계로 생각했다. 아리스토텔레스는 코라나 토포스를 질료 주위에 있는 경계라고, 나중에는 '카오스'라고 강조한다. 이 점에서 전체는 부분의 합보다 더 크다는 아리스토텔레스의 주장에 과학적으로 숙고할 만한 여지가 충분히 있다는 점을 알 수 있다.

카오스는 감싸고 있는 것과 감싸지고 있는 것이 거기에 있어서 접촉하고 있는 곳의, 감싸고 있는 물체의 경계이다.

　　　　　　　　　—아리스토텔레스, 『자연학』(212A의 6~7행)에서

　　경계에 대한 아리스토텔레스의 이야기는 『자연학』에 나오는 말이다. '그것'은 앞서 말한 카오스다. 카오스란 감싸고 있는 물체의 경계다.

　　시스템 이야기를 하다 말고 경계를 말하는 이유가 있다. "전체는 부분의 합보다 더 크다."라는 관점에서 알파가 들어갈 수 있는 여지가 바로 경계에서 마련되기 때문이다. 경계에 대한 생각은 당시에 굉장히 획기적인 것이었다. 부분이 모여서 거기에 무엇인가 다른 것이 추가될 수 있다는 여지를 주기 때문이다. 자립적인 자신의 역량이 협업을 통해 놀라운 능력으로 발휘된다는 뜻이다.

　　그래서 아리스토텔레스가 이런 유명한 말을 남겼다. "부분들의 결합에 틈이 있어야 한다. 그 틈을 그리스어로 '카오스'라고 한다." 질료들 사이에 카오스가 있다. 그 질료들 사이에 있는 카오스가 결국은 경계라는 것을 알 수 있다.

　　경계 없이 부분의 합이 이루어진다는 것은 불가능하다. 경계가 있어야 부분 부분이 서로 구분되기 때문이다. 복잡계는 부분을 구분하는 경계에서 융합되고 거기에서 융합 이전에 드러나지 않았던 새로운 것이 등장한다.

경계에 대한 아리스토텔레스의 통찰은 알렉산드로스 대왕의 동방 원정 이후 헬레니즘 시대에 헤르메스 신화의 부흥을 일으켰다. 헬레니즘기는 그리스 사상이 동방까지 펼쳐지던 시대였다. 그리스뿐만 아니라 동방의 각 지역이 합쳐지는 와중에 널리 전파된 신이 모든 경계의 신 헤르메스였다.

헬레니즘기 사람들은 부분들 사이에 있는 경계 문제를 헤르메스 신화를 통해 이해했다. 헤르메스는 제우스의 메시지를 전달했다는 것도 중요하지만 경계를 넘나드는 신이라는 점에 관심을 집중한 것이다. 전체가 될 때 알파가 생길 수 있다는 경계에 대한 생각은 헤르메스주의를 낳았다. 당시 사람들은 항상 틈을 남겨 두고 그것을 헤르메스가 메꾼다고 여겼던 것이다. 이 사상은 이후 중세와 르네상스 때까지 연금술의 원리가 되었다. 서로 다른 금속들을 섞었을 때 각각이 가진 가치를 합한 것보다 더 귀한 새로운 금속이 탄생한다는 원리다. 경계가 이렇듯 중요했다.

융합(fusion)

융합이란 과연 무엇인가? 영어 '퓨전(fusion)'은 라틴어 '푸시

오(fusio)'에서 왔다. 그 뿌리어는 '붓다'라는 뜻의 라틴어 동사 '푼도(fundo)'다. '푸시오'는 원래 화산에서 흐르는 뜨거운 용암이 어떤 모양으로 굳어진 것을 가리켰다. 그래서 주조 틀에 부어진 뜨거운 쇳물이 융해되고 녹은 다음에 합쳐져서 생성되는 것도 '푸시오'라고 했다.

그리스 전설에 주조에 대한 이야기가 나온다. 어느 날 산불이 크게 난 후에 사람들이 산에 올라가 보니 금속이 바위의 구멍 형태로 굳어 있었다. 그래서 산불 때문에 뜨거워진 금속이 액체가 되어 흘러내리다가 식으면서 굳어 버리면 다시 딱딱한 금속이 된다는 것을 알게 되었다. 이 바위의 구멍을 본떠서 도가니를 만들고 거기에 금속을 녹이는 주조 기술이 탄생했다.

그런데 여기서 놀라운 것은 도가니의 쇳물이 합쳐져 합금이 되면, 이전에 갖고 있었던 각각의 금속 성분과는 다른 성질이 생긴다는 점이다. 청동기도 철기도 이러한 발견에 기반했다. 철로만 무기를 만들면 그냥 뚝뚝 부러진다. 부러지지 않는 칼을 만들려면 거기에 주석이 들어가야 한다. 그렇게 제련 기술이 발달하면서 금속들이 합쳐지고 거기서 아예 새로운 성질의 금속들을 얻게 된 것이다.

금속이 서로 융합하면서 이전에 없던 새로운 성질이 나타나는 현상을 '퓨전' 또는 '융합'이라고 한다. 결국 따로 있을 때는 없던 성질이 합쳐질 때 생기는 것을 융합이라고 한다. 이것도 "전체는 부분의 합보다 더 크다."라는 명제를 잘 설명해 주는 하나의 사례다. 경계의 측면에서 보자면 융합이란 이종 교배 되어 경계에 있던 알파가 생성된 것이다.

요즘 퓨전 음식, 퓨전 한정식, 퓨전 레스토랑, 퓨전 떡, 퓨전 리조트라는 말이 흔히 쓰이는데 서로 다른 것들이 융합하면서 새로운 성질이 생긴 것으로 이해할 수 있다. 예를 들어 두 지역의 음식을 합쳤더니 전에는 각 음식에서 맛볼 수 없었던 새로운 맛이 생겼다면 퓨전 음식이 된다. 전혀 어울릴 것 같지 않던 음식을 융합했더니 생각지 못했던 새로운 플러스알파가 생긴다. 또한 유럽식과 동남아식 리조트 방식을 결합했더니 양쪽에서 얻지 못하던 뭔가 새로운 경험을 하게 되는 것도 좋은 예다.

창발성(emergence)

융합하여 새로운 알파가 추가되는 현상을 특히 창발이라고 한다. 또한 창발성이란 서로 다른 것을 융합할 때 원래 없던 새로운 성질이 나타난다. 예를 들어, A와 B를 서로 융합했을 때 A나 B가 갖고 있는 성질만 나타나는 것이 아니라 제3의 새로운 성질

3 전체는 부분의 합보다 더 크다

이 나타나는 것이다. 물은 산소와 수소 분자가 결합한 것인데, 거기서 생긴 축축함은 산소에도 수소에도 없던 성질이다. 산소와 수소를 결합하니까 양쪽 모두에 없던 축축함이 생긴 것이다. 이렇게 전혀 새로운 성질이 나오는 것이 창발성이다. 그래서 창발성은 두 개의 결합으로 새롭게 활성화된 것에 어떤 성질이 새롭게 생겼는지 집중한다.

영어로 '이머전스(emergence)'는 생물학에서 '변태(變態)'라고 번역되는데 애벌레가 나비가 될 때 애벌레일 때는 전혀 없던 특징을 갖고 완전히 새롭게 태어나는 것이 그 예다. 이 단어는 라틴어 '엑스메르게레(exmergere)'에서 왔다. '엑스'는 '밖으로'라는 뜻이고 '메르게레'는 '잠기다'라는 뜻이다. 즉 '잠겼다가 밖으로 나오는' 것을 의미한다. 그러니까 부분들이 결합할 때 '숨어' 있던 것이 밖으로 드러난 것이다. 그렇게 생겨난 플러스알파가 곧 창발성이다. 복잡계의 핵심이 바로 이런 창발성에 있다.

르네상스 시대 이탈리아 철학자 조르다노 브루노(Giordano Bruno, 1548~1600)는 고대부터 있었던 아리스토텔레스의 사상과 헤르메스주의를 통합하여 물질은 '현실적이고 가상적인 것의 창발성'이라고 했다. 영어로 현실적이라는 말은 '액추얼(actual)', 가상적이라는 말은 '버추얼(virtual)'이다. 철학에서 '버추얼'은 흔히 '잠재적'이라는 의미로 이해된다. 그렇다면 창발성이란 "현실성

조르다노 브루노

이탈리아 르네상스 시대 철학자 조르다노 브루노에 의하면, 철학에서는 잠재성(virtyality)과 현실성(actuality)이 결합되어 리얼리티(reality), 즉 실재성이 된다. 그런데 브루노는 그 실재성은 잠재성과 현실성 자체에는 없고 그 둘이 결합될 때 나타나는 플러스알파에 있다. 이것이 곧 창발성이다.

카라바조, 「나르키소스」(1597~1599년)

나이가 다른 두 나르키소스가 결합되면서 상당히 다른 효과가 나타
난다. 그래서 다양한 생각을 하게 만들고, 그 결과 많은 창발적인 해
석이 생겨난다.

이 잠재성과 결합되어 생성된다."라는 의미가 된다. 따라서 잠재성과 현실성이 결합될 때 새롭게 생겨나는 것이 앞에서 살폈던 바로 그 플러스알파다.

철학에서는 잠재성(virtuality)과 현실성(actuality)이 결합되어 리얼리티(reality), 즉 실재성이 된다. 그런데 브루노는 그 실재성에는 잠재성과 현실성 자체에는 없고 그 두 개가 결합될 때 나타나는 플러스알파가 있다고 생각했다. 현실성, 잠재성 자체보다 훨씬 더 큰 무엇인가를 창발성이라는 말로 강조한 것이다. 현실적인 것과 가상적인 것이 결합하여 실재적인 것이 되는데, 거기서 창발성이 비롯된다는 점이 더 중요하다는 것을 알아차린 것이다.

브루노 이후 그의 개념을 표현하기 위해 노력한 많은 사람들이 있었다. 그 대표적인 사람은 동시대 천재 화가 카라바조(Michelangelo Merisi da Caravaggio)다. 그가 그린 「나르키소스」(1597~1599)를 보자. 물에 비친 자신을 보고 반해 죽은 나르키소스 신화를 그린 그림인데, 위에 있는 사람은 청년 나르키소스이고 물 아래 있는 사람은 그 청년보다 좀 더 늙은 나르키소스다.

이 그림을 보면 나이가 다른 두 나르키소스가 결합되면서 상당히 다른 효과가 나타난다. 카라바조는 왜 나르키소스가 물에 비친 자신의 현재 모습 대신에 더 나이 든 모습을 보게 했을까? 그림을 보는 사람들에게 다양한 생각을 하게 만든다. 그 결과 많은 해석이 나타난다. 거기서 얻은 각자의 해석이 창발성을 낳는다.

지금까지 살핀 시스템 이론은 유럽, 특히 독일에서는 1949년 이후에 적용됐으며 미국에서는 1970년대 이후로 나타났다. 이전의 시스템 이론이 '부분의 합은 전체와 같다.'였다면, 현대에는 '전체가 부분의 합보다 더 크다.'를 강조한다. 조직이 전체는 부분의 합과 같다는 방식으로 이해되다가 이제는 복잡계의 방식으로 이해되고 있다.

그렇다면 우리의 현실은 어떤가? 무엇인가 결합하고 융합하여 어떤 것들이 새롭게 나타나고 있는가? 우리의 조직에 새로운 플러스알파, 즉 창발성이 발휘되도록 하는 과제가 절실하다.

1   "시스템은 '함께 서 있음', 시너지는 '함께 하나로 만들어 낸 것'을
뜻한다. 전체는 부분의 합보다 더 크다."

       **어떤 일을 누군가와 함께 했을 때 예상치 못한 시너지 효과가 났
던 적이 있다면, 그 원인을 생각해 보자.**

2   "부러지지 않는 칼을 만들려면 철에 주석이 들어가야 한다. 그렇
게 합쳐질 때 아예 새로운 성질의 금속이 나타난다. 따로 있을 때
는 없던 성질이 합쳐질 때 생기는 현상을 융합이라고 한다."

       **어떤 프로젝트가 예기치 못한 성공을 했거나 의외의 플러스알
파가 생겼다면, 그 원인이 무엇인지 점검해 보자.**

3   "질료들이 결합할 때 알파가 생기는 것은 질료들 사이에 경계와
틈이 있기 때문이다."

       **단절과 배제는 틈을 무시한다. 서로의 틈을 인정하여 융합하되
각자의 주체성을 존중해야 한다. 이 점을 어떻게 실천할지 생각해 보자.**

4   "부분들이 결합할 때 '숨어' 있던 것이 밖으로 드러난다. 그렇게 생
겨난 플러스알파가 곧 창발성이다. 복잡계의 핵심이 바로 창발성
이다. 창발성이란 현실성이 잠재성과 결합되어 생성된다."

       **머릿속에 구상만 하던 일이 현실적인 가능성과 만나서 실제로
이루어진 적이 있다면, 그것을 가능하게 만든 핵심 원인이 무엇이었는지 분
석해 보자.**

'복잡계' 경영

2

Management

4

플러스알파를
찾아라

자기 조직화
다중지성

'다중지성'은 단순한 합이 아니라
'자기 조직화'를 통해 '플러스알파'가
생기는 경우다.

자기 조직화

'자기 조직화' 개념은 노르웨이의 어느 섬에 있는 돌무더기들에 대한 해석에 사용되면서부터 최근에 크게 부각되었다. 노르웨이의 스발바르 제도 스피츠베르겐섬은 북극에서 약 1000킬로미터 떨어진 곳으로, 사람이 살았던 흔적이 전혀 없는 툰드라 지역 동토다. 여기에 지름이 2미터인 고리 모양의 돌무더기들이 엄청 많다.

그동안 이 돌무더기들을 놓고 그 형성에 관한 다양한 해석들이 있었다. 지구 밖 생명체들이 와서 만들어 놓고 갔다는 외계인설, 거석을 움직일 수 있는 문화권에서 만들었다는 거석 문화설, 지금의 인류보다 훨씬 더 높은 지성을 지닌 고대인들이 만들었다는 고대 지능인설 등이 있었다.

몇 년 전에 드디어 이 돌무더기에 대한 과학적 설명이 등장했다. 지구물리학자 브래드 워너(Brad Werner)와 마이크 케슬러(Mark Kessler)는 이곳이 토양에 흙과 돌이 섞여 있고 툰드라 지역이기 때문에 얼었다 녹았다를 오랜 기간 반복하면서 저절로 이런 돌무더기들이 생겼다는 것을 밝혀냈다.

즉 각기 다른 어는점과 녹는점에서 돌과 흙이 같은 성질끼리 미세하게 움직이면서 모이고 다른 성질을 밀어낸 것이다. 점

노르웨이 스피츠베르겐섬의 돌무더기들

흙과 돌의 어는점과 녹는점이 달라서 오랜 기간에 걸쳐 얼고
녹기를 반복할 때 이렇게 돌끼리 따로 모이는 현상이 발생하
여 이런 독특한 모양을 현성하게 되었다. 지질학자들은 이것
을 '자기 조직화' 또는 '자기 조절력'로 설명한다.

진적으로 얼고 녹기를 오랜 기간 반복하며 돌은 돌대로, 흙은 흙대로 조금씩 모여 지금의 모양처럼 쭉 쌓이게 되었다. 정교한 돌무더기를 만드는 데 인간의 관여는 전혀 필요하지 않았다. 이런 현상을 두고 '자기 조직화' 또는 '자기 조절력'이라고 말한다.

영어 '오토포이에시스(autopoiesis)'는 그리스어를 그대로 사용한 단어다. '오토(auto, αὐτός)'는 스스로, '포이에시스(poiesis, ποίησις)'는 만든다는 뜻이다. '자기 조직화' 또는 '자기 조절력'으로 번역된다. 그리스 신화에는 인간이나 동물 외에도 스스로 자신을 유지, 보존하는 존재로서 청동 인간 탈로스가 등장한다. 탈로스는 머리끝에서부터 발끝까지 연결된 관을 통해 스스로 에너지를 공급받음으로써 로봇처럼 크레타섬 해안가를 감시한다. 이 청동 인간은 에너지 공급 방식을 통해 어느 정도 자기 조직화를 이룬 것이다.

동류성과 차이성

아리스토텔레스는 같은 성질끼리는 모이고 다른 성질끼리는 서로 밀쳐 내는 것을 동류성과 차이성으로 설명했다. 4원소인 물, 불, 흙, 공기 중에서 차가운 기운이 있는 흙과 물은 아래로 내려가고, 따뜻한 기운이 있는 불과 공기는 위로 올라간다. 또한 습기 유무에 따라서 습기가 있으면서 아래로 내려가는 것은 물이고, 습기 없이 건조한 채 아래로 내려가는 것은 흙이라 했다. 그는 또한 습기를 품고 위로 뜨는 것은 공기이며, 건조하면서 위로 뜨는 것은 불이라고 했다.

아리스토텔레스의 요지는 동류성과 차이성 때문에 물질이 스스로 모이는 영역이 만들어진다는 결합 원리에 있다. 이러한 결합 원리에 따라 '자기 조직화'가 이루어진다는 것이 스발바르 제도에 있는 돌무더기를 통해 입증된 셈이다.

그 규모를 지구 전체로 확장시켜 보자. 현재 오존층 파괴에 대한 우려의 목소리들이 상당히 많지만, 반면 이를 대수롭지 않게 여기는 사람들도 있다. 영국의 과학자 제임스 러브록(James Lovelock)의 '가이아 가설'에 따르면 지구 스스로 자체 정화와 조절 기능을 발휘할 것으로 낙관하고 있기 때문인데, 이 또한 일정 부분 지구의 자기 조절력에 근거한 주장이다.

브뤼노 라투르의 과학 비평

최근 과학철학자 브뤼노 라투르(Bruno Latour)는 과학적 방법에 문제를 제기하면서, 과학 이론이라는 것은 결국 모두 하나의 의견을 특정 집단이 기정사실로 받아들인 것에 불과하다고 주장한다. 이론이 구축되는 것은 특정 집단과 관련된 것이기 때문에 그것도 하나의 편견일 수 있다는 것이다.

라투르는 이와 같은 주장의 구체적인 예로 파블로프의 조건반사 이론을 비판하고 있다. 이 이론에 따르면 먹이를 주면 침을 흘리는 개에게 먹이를 줄 때마다 종을 울리면 나중에는 먹이를 주지 않아도 개가 침을 흘린다. 라투르는 이 이론을 반박하면서 파블로프의 실험은 실제 개가 사는 환경이 아니라 제약을 둔 상황에서 이루어졌기에 가능했을 뿐이라고 비판했다.

원래 생명체는 복잡계에서 어떻게 반응하는지를 봐야 하는데 파블로프의 실험은 제약을 둔 상태로 특정 결과를 기정사실화한 것에 지나지 않는다. 과학은 닫힌 체계에서 이론을 만들어 내서는 안 된다.

여러 가지 행동에는 전혀 예측하지 못한 작용이 따르는데, 파블로프의 실험은 제약을 만들어 둔 상태에서 이미 특정 결과를 초래할 수밖에 없도록 만들어 놓은 닫힌 체계였던 것이다. 과학에서도 닫힌 체계가 아닌 복잡계, 즉 여러 사실들이 합쳐질 때 만들어질 수 있는 플러스알파를 보자는 것이 라투르의 주장이다. 결국 라투르는 올바른 과학 시스템은 닫힌 체계가 아니라 복잡계라고 주장한다.

다중지성

부분이 합쳐지면서 이전에 생각지 못했던 플러스알파가 생기는 것은 '다중지성'에서도 나타난다. '다중지성'이란 '다중(multitude)' 속에서 예기치 못했던 놀라운 지성, 즉 플러스알파가 발휘된다는 점을 전제한다. 따라서 다중지성의 출현은 복잡계에서 중요성을 띤다. 다중지성이란 아무렇게나 나타나는 것이 아니고, 자기 조직력 내지는 자기 조직화라는 전제에서 나온다.

복잡계는 플러스알파의 요인을 인정하는 계열화이며, 이것을 또 다른 의미로 '융합'이라고 한다. 여기서 말하는 융합은 "전체는 부분의 합보다 더 크다."가 적용되는 경우이며 이는 곧 플러스알파가 있다는 것을 전제한다. '시너지'라는 것은 경계를 넘어갈 때 거기에 창발성이 생기는 것을 말한다. 그리고 '에너지'는 잠재력으로만 남아 있지 않고 현실화되는 것을 말한다.

에너지는 원래 그리스어 '엔에르기아(energia)'에서 왔는데, 엔(en)은 '안으로'라는 의미이며 에르기아(ergia)는 결실, 결과물을 뜻한다. 두 의미가 결합되어 '결실 또는 결과물 속으로 향함'

을 말한다. 철학에서는 보통 현실태라고 옮기지만 현실화하는 힘, 작품화하는 작용으로 이해할 수 있다. 그래서 에너지는 결과물을 창조하게 된다. 시너지(synergy)란 이 에너지에 '함께'라는 뜻의 syn이 결합되어 함께 결과물을 창조함을(syn+energy) 말한다. 결국 시너지란 복잡계에서 다중지성을 통해 어떤 창조가 그 결실로 만들어진 것이다.

하지만 역사 속에서 이런 변화에 우려를 표현한 것은 대부분 기득권 세력이었다. 르네상스 시대에도 기득권은 창발성을 주장하는 자들을 제거할 목적으로 종교적인 명분을 끌어들였다. 창발성을 인정해 버리면 자신들의 권위가 무너진다고 생각했기 때문이다. 그래서 창발성을 주장했던 조르다노 브루노 같은 사상가는 화형을 당했다.

세종대왕이 한글을 만들 때도 당대 기득권이었던 사대부들이 왕을 위협했다. 사회에서 그들은 자신들이 사용하는 한자면 충분하다고 주장했고, 나아가 평민과 천민이 글이라는 것을 알게 될 때에는 더 이상 왕을 돕지 않을 것이라고 협박했다. 즉 세종에게 당시 기득권인 자신들과 손을 잡아야 한다고 억지를 쓴 것이다. 하지만 세종대왕 시대에 평민과 천민을 비롯한 온 백성을 위한 한글이 만들어졌다고 해서 사회가 무너지는 일은 없었다.

한글을 만든다는 것은 다중지성을 만드는 것과 같았다. 그

다중지성 속에서 일부 기득권이 무너질 수도 있었을 뿐이다. 다중지성을 통해 자기 조직화와 자기 조절력이 이루어질 수 있다는 긍정적인 시도로서, 최근 인문학에서는 아리스토텔레스의 개념을 복잡계 이론과 접목시키고 있다.

지금까지 살펴본 이야기를 잠재성과 현실성이라는 차원에 적용해 보자. 경영에서 우리는 보통 조직 관리, 정보 관리, '경영의 집(house of management)'에 대해 이야기한다. '경영의 집'이란 조직 관리와 정보 관리를 토대로 하여 인사 관리, 생산 관리, 마케팅 관리, 재무 관리를 통틀어 말하는 개념이다. 여기에 복잡계 이론을 적용하면 어떤 플러스 요인이 생길지에 대해 충분히 열어 놓고 전략을 세우는 것이 필요하다.

여기서 한 가지, 이때 경영 환경은 잠재성 상태에 있다는 점을 전제해야 한다. 내부 환경은 조직 안의 환경인 반면 외부 환경은 거시적인 요소 외에 미시적인 것들, 그러니까 아주 작은 미세한 영역의 환경도 포함한다.

이러한 것들이 존재하는 잠재성의 영역이 전제되어야 복잡계에서 나타날 수 있는 플러스알파가 생성된다. 그에 따른 결과를 최대한 예측해야 경영에서 새로운 에너지가 발생할 수 있다. 이것이 바로 현대 행정에서 중요한 개념으로 떠오르고 있는 '복잡계'다.

1 "'자기 조직화' 또는 '자기 조절력'의 한 예로, 오랜 시간 얼고 녹기를 반복하며 돌은 돌대로, 흙은 흙대로 모여 돌과 흙무더기가 따로 쌓인 현상을 들 수 있다."

   일하는 과정에서 '자기 조직화'가 생긴 경우가 있는지 생각해 보자.

2 "다중지성이란 다중 속에서 예기치 못한 놀라운 지성의 플러스알파가 발휘된 것을 말한다. 또한 다중지성에는 복잡계의 자기 조직화와 자기 조절력이 전제되어야 한다."

   혼자 하는 프로젝트에서 팀제 프로젝트로 바뀌었을 때 예기치 못한 아이디어나 결과가 나온 적이 있는가?

3 "경영 환경은 잠재성 상태에 있다는 점을 전제해야 한다. 내부 환경은 조직 안의 환경인 반면 외부 환경은 거시적인 요소 외에 미시적인 것들, 그러니까 아주 작은 미세한 영역의 환경도 포함한다."

   환경은 늘 바뀌고 있는데, 그래서 예상치 못한 플러스 요인이 생길 수도 있다. 어떤 프로젝트가 삐걱거리고 있을 때 내부 또는 외부 환경 변화로 반전된 적이 있다면, 그 이유를 분석해 보자.

5

로마제국의
국가 경영

'샐러리'의 어원과
'소금 (sal)'의 역할

'소금 계약'은 부패를 방지하는
소금처럼 변하지 않겠다는 약속이다.
로마인들은 군인 복무를 계약 관계로
여겼고, 로마제국은 계약을 통해
국가 경영을 실천했다.

거래를 뜻하는 영어 '세일즈(sales)'의 어원은 '소금'을 뜻하는 라틴어 '살(sal)'이다. 급여를 뜻하는 영어 '샐러리(salary)' 역시 'sal'에서 파생된 단어다. 로마 시대 군인의 봉급은 소금이었다. 물론 그때의 소금은 우리가 흔히 보는 천일염이 아니라 암염(岩塩)이었다. 그렇다면 왜 소금이 자본주의에 중요한 세일즈와 샐러리의 어원이 되었을까?

로마 군인이 목숨 걸고 싸운 이유

소금은 고대 세계에서 '계약'을 상징했다. 상호 계약을 맺을 때 하나의 증표로 사용되었기 때문이다. 소금은 예로부터 계약을 맺을 때 증표로 사용되었다. 로마에서 군인들에게 소금을 봉급으로 지급했다는 것은 국가와 개인이 계약 관계를 맺었음을 뜻한다.

계약서를 작성할 때는 지금은 주로 디지털 사인을 사용하지만 전통적으로는 두 장의 계약서에 도장이 반쪽씩 찍히도록 해서 한 장씩 나눠 가지곤 했다. 도장을 서로 나눠 갖는다는 것은 상징적 행위이다. 고대에는 칼과 같은 특정 물건을 반으로 잘라 계약 당사자가 서로 나눠 갖기도 했다. 로마에서 소금이 사용되었던 것은 국가와 개인이 서로에게 신의와 충성을 다할 것을

5 로마제국의 국가 경영

약속한다는 의미였다.

국가가 군인에게 베푸는 신의란 무엇일까? 군인들은 급여로 받은 소금을 팔아 필요한 것을 구입하는 것 외에도 이후 복무를 마치면 정복지의 땅을 얻었다. 즉 군인들은 소금을 받음으로써 국가를 위해 열심히 싸우면 은퇴 후에 땅을 얻을 수 있다는 보증을 국가로부터 받는 셈이었다.

점령지를 배분받은 자들은 대부분 경험 많은 군인들이었다. 이 사람들을 로마는 '베테라누스(veteranus)'라고 했는데 이 단어가 바로 '베테랑(vétéran)'의 어원이다. 그러니까 베테랑은 원래 군대 용어로서 고참병, 퇴역 군인 등을 뜻한다.

베테랑들이 정복지의 땅을 소유할 수 있도록 한 것은 전쟁에서 목숨 걸고 싸운 그들에게 국가가 보인 신의였다. 군인들은 그 신의를 믿었기에 국가에 충성을 다했다. 국가와 군인 간의 이러한 쌍방적 계약의 증표가 바로 소금이었다.

소금 계약을 통한 국가 경영

그렇다면 이러한 '소금 계약'의 기원은 어디서 찾을 수 있을까? 더 고대로 올라가 보면 근동에서 그 기원을 찾을 수 있다. 고대 근동 문화의 중심지는 페니키아와 메소포타미아다. 페니키아는 지금의 팔레스타인 지역이며, 메소포타미아는 지금의 이란과 이라크 지역이다. '소금 계약'에 대해서 일부 학자들은 메소포타미아 전통이 더 오래되었고 이후 페니키아가 받아들인 것으로 본다.

만약 로마도 그 이후 '소금 계약'의 전통을 받아들였다면, 고대 근동에서 '소금 계약'이 기원한 것으로도 볼 수 있다. 하지만 로마 자체에서 생긴 전통이라고 한다면 어디가 더 먼저라고 할 것 없이 로마 전통과 고대 근동의 전통이 따로 같이 내려왔을 것이다.

고대 근동 유목민들이 소금으로 계약한 이유는, 소금이 '불변성'을 상징하기 때문이었다. 유목민들은 계약을 체결할 때 계약 당사자들끼리 소금을 찍어 먹었다. 소금은 음식의 부패를 방지한다. 따라서 소금처럼 서로의 약속을 지키겠다는 의지를 표현한 것이다.

계약을 맺은 당사자들이 변하지 않겠다는 약속, 소금처럼 부패를 방지하고 본래의 성질을 유지해야 한다는 윤리를 표현한 것이 '소금 계약'이었다. 이후 소금은 계약을 상징하는 전통으로 정착되었다. 히브리 민족과 바빌로니아 민족에도 소금으로 계약하는 형태가 있었다. 성경에도 '소금 계약'을 맺는 이야기가 등장한다.

그리고 '소금 계약'이 헬레니즘기를 통해 로마 사람들에게 더 많은 자극을 주었다. 이후 로마 제정기의 군인들에게, 특히 오래 복무한 군인들인 베테라누스들에게 계약이라는 관점으로 복무한다는 전통을 만들어 주었던 것이다. 보통은 나라가 있으니까 민족 또는 조국을 위해 충성한다는 식으로 생각하기 쉽지만, 그보다는 군인 복무를 철저하게 계약 개념으로 여겼다. 로마는 계약을 통해 '국가 경영'을 실천해 나갔던 것이다.

그러므로 로마가 군인에게 소금을 지급한 것은 급여 차원이었을 뿐만 아니라 쌍방의 계약을 확인시켜 주는 것에 가까웠다. 매달 로마 군인들은 소금으로 봉급을 받으면서 자신들이 어떤 계약을 맺었고 자신들이 그 계약에 충실한 삶을 계속 이행하고 있는지 확인했다. 로마 군인들은 규칙적으로 받은 암염을 통해 '부패하면 안 돼, 신의를 지켜야지.'라고 다짐했던 것이다.

강렬함은 해학에서 온다

소금과 관련하여 고대 로마에서만 볼 수 있는 특이한 요소가 있다. 그것은 소금을 해학과 연결시키는 전통이 있었다는 점이다. 소금과 관련해서 고대 근동에서는 계약적인 전통, 부패하지 않는 전통이 강했던 반면, 로마에는 해학과 관련된 전통이 있었다. 해학이란 비판과 유머라는 두 가지 요소를 지닌다. 그래서 소금이 해학과 연결될 때는 웃음과 함께 비판의 역할도 있어야 한다.

그렇다면 우리에게 웃음과 같은 즐거움도 주는 소금이 어떤 점에서 비판이라는 상징적 의미를 갖는 것일까? 이전에는 의료 행위를 할 때 소금으로 소독하는 경우가 있었다. 짠맛은 쾌감도 주지만 상처 난 곳을 소금으로 소독할 때는 굉장히 아프다. 소금 소독은 병균을 막을 수 있지만 동시에 고통을 동반한다.

로마의 철학자이자 정치가 키케로가 해학에 대해 소금과 관련하여 말한 부분을 보자.

해학과 '인간됨(humanitas)'에 있어서 소크라테스가 모든 자들보다 더욱 훌륭했다고 나는 생각한다. 이 [해학의] 종류는 강렬함(gravitas)으로 소금을 치면서, 공적인 연설과 세련된 대화로 어울리게 하며 멋지게 하는 것이다. "해학과 인간됨이 함께한다면, 인생에 어울리지 않는 시기란 없을 것이다."는 진실이다.

—키케로, 『연설가에 관하여』 2권에서

키케로는 해학을 상당히 강조했다. 그는 특히 정치 연설과 학교 교육에 해학이 있어야 한다고 했다. 즉 정치인이든 교육자든 연설이나 강의를 할 때 청중이나 학생들이 웃도록 해야 하지만 단지 웃기기만 해서는 안 되며 반드시 비판이 들어가야 한다고 강조했다. 그렇게 할 때 비로소 해학은 강렬함을 지니게 된다.

키케로는 연설의 강렬함이 해학에서 온다고 생각했다. 웃음을 주면서도 반드시 그 안에 비판적 요소가 있어야 한다. 그리고 키케로는 그 일을 가장 잘했던 사람이 소크라테스라고 말했다. 소크라테스적인 해학은 강렬함을 느끼게 하는데 키케로는 바로 이 해학을 소금에 비유했다.

말에 소금을 친다는 게 굉장히 뜬금없는 말로 들리지만 마치 소금의 짠맛이 요리의 맛을 확 끌어올리듯이 그렇게 해학을 통해 비판적인 의미가 들어가야 한다. 결국 소금을 친다는 것은 유머와 비판을 통해 '공적인 연설을 세련된 대화와 어울리게 하여 멋지게 만드는' 것이다.

그래서 키케로는 "해학과 인간됨이 함께한다면" 인생에서 거스를 일이 없다고 말한 것이다. 항상 웃음과 함께 생각할 거리가 있다면 그 인생은 자신의 환경과 균형 있게 어울리게 된다. 해학이 있어야 아름다움이 있는 멋있는 인생이 된다는 뜻이다. 해학은 웃음 속에서도 소금의 짠맛과 같은 강렬함을 준다. 그래서 키케로는 인간됨과 해학을 연결시킨다.

매니저의 감정 노동

그렇다면 세일즈의 어원은 왜 소금이라는 뜻의 'sal'일까? 무엇보다도 고객을 '계약 관계'에 있는 사람으로 본다는 관념이 '세일즈 개념'에 들어 있는 것이다. 예를 들어 백화점에서 고객을 가장 많이 상대하는 사람은 매니저다. 매니저(manager)라는 말은 라틴어 '손'을 뜻하는 '마누스(manus)'와 '조종하다'라는 뜻의 '아고(ago)'에 사람을 뜻하는 '-er'가 결합된 말로, 즉 '손을 다루는 사람'이라는 의미다. 매니저는 고객들을 상대하는 일에서 최전선에 있는 셈이다.

이들은 전형적인 감정 노동자들이다. 이들이 받는 주된 교육은 '고객을 위해서 본인은 희생해야 한다.'라는 CS(Customer Satisfaction), 즉 고객 만족 교육이다. 이런 감정 노동자들은 흔히 자신의 감정을 속이면서 고객을 대해야 한다. 이를테면 집에 나쁜 일이 있는데도 고객을 대할 때는 미소를 지어야 한다. 지금 기분이 우울한데 방긋 웃는 것도 한두 번이지 어떻게 항상 그렇게 살 수 있을까? 자신의 감정을 표현하지도 못하고 그 감정을 속이며 살아야 한다는 것은 감정 노동자에게 상처로 다가온다. 이런 환경에서는 뭘 잘못하지 않았는데도 고객들의 '갑질'을 감내해야 한다.

그런데 감정 노동자와 고객의 관계를 '소금 계약'에 근거한 계약 관계로 본다면 그 불공평성이 상당히 개선될 수 있다. 이것에 관해서는 다음 장에서 살피기로 하자.

1 "로마에서 '불변성'을 상징하는 소금으로 계약을 맺은 데는 국가와 개인이 서로에게 신의와 충성을 다할 것을 약속한다는 의미가 있다."

로마 군인들은 정기적으로 암염을 받으며 신의를 지켜야 한다고 생각했다. 지금 나와 계약 관계에 있는 자는 누구인가?

2 "해학이란 웃음을 주면서도 동시에 비판적 요소를 담고 있는 것이다."

대화를 이끌거나 설득을 하기 위해서는, 말투와 전달 방식 같은 형식은 부드러워야 하나 내용에는 핵심을 찌르는 요소가 담겨 있어야 한다. 나는 대화할 때 주로 어떤 분위기를 만드는 사람인지 돌아보자.

3 "세일즈(sales)의 뿌리어가 소금(sal)이다. 고객과의 관계를 '소금 계약'에 근거한 계약 관계로 본다면, 그 불공평성이 상당히 개선될 수 있다."

고객을 계약 당사자로 여기는 관념이 정착한다면, 백화점이나 주유소 등에서 고객의 갑질이나 매니저의 감정 노동이 줄어들 것이다. 이러한 계약 관계가 적용된 좋은 사례를 찾아보자.

6

고객은 철저히
계약 관계다

커스터머
클라이언트
파트너

'서비스'는 어원적으로 '노예 상태'에서
비롯된 단어이며, 따라서 종속 관계를
전제하기 때문에 지양해야 한다.

고객이라는 뜻의 영어 '커스터머(customer)'는 '커스텀 (custom)'에 '-er'이 붙은 형태다. '커스텀'은 풍습, 관습, 규칙 또는 관세를 의미하는데, 그 뿌리어는 라틴어 '콘수에투스(consuetus)' 이며 '익숙한'이라는 뜻이다.

그렇다면 '커스터머'는 '익숙해진 사람'이며 고객으로 치자 면 '단골 고객'이다. 생산자나 공급자의 측면에서 소비자를 뜻하 기도 하지만, 소비자 측면에서는 익숙해진 거래처를 가리킨다. 커스터머는 소비자와 공급자 중 어느 입장에서 보느냐에 따라 그 의미가 달라진다.

그런데 커스터머의 한자어 '고객(顧客)'에서 '고(顧)'는 '돌보 다'라는 의미다. 그렇다면 고객이란 돌봐야 할 손님이란 뜻이 되 는데, 이것은 우리에게 상당히 낯선 개념이다. 하지만 그 근거를 커스터머와 동일하게 쓰는 단어 '클라이언트'에서 찾아보자.

클라이언트 vs. 커스터머

'고객'이나 '의뢰인'을 뜻하는 영어 '클라이언트(client)'는 라 틴어 '클리엔스(cliens)'에서 온 말로 '파트로누스(patronus)'의 보호 를 받는 '피보호자'를 뜻했다. 로마에서 시민 전체는 보호자와 피보호자로 나뉘어 있었다. 보호자가 피보호자의 생계와 생명을 보장해 주는 대신 피보호자는 보호자에게 충성과 정치적 지지를 보냈는데, 이 관계는 계약으로 형성됐다. 시민 한 명이 꼭 하나의 보호자-피보호자 관계만 갖는 게 아니라 여러 관계를 맺을 수 있었기에, 보호자는 누군가의 피보호자일 수 있었고 피보호자 역시 누군가의 보호자일 수 있었다.

그렇다면 5장에서 언급한 백화점의 예를 들어 보자. 누구를 클라이언트로 보느냐에 따라 보호자는 뒤바뀐다. 우선 소비자를 클라이언트로 보면 매니저는 보호자가 된다. 매니저는 소비자를 보호하고 돌봐야 한다. 소비자는 이런 의미에서 '돌보다'라는 뜻이 들어가 있는 '고객'인 셈이다.

그런데 매니저 또한 백화점 입장에서는 클라이언트가 된다. 이때는 백화점 경영인이 보호자가 된다. 이렇게 되면 백화점을 경영하는 사람들이 진정 보호해야 할 대상은 매니저들이다. 물론 넓은 의미에서 백화점에서 상품을 소비하는 고객들도 보호 대상임에는 틀림이 없다. 그러나 경영인들이 매니저들에게 신의를 주면, 매니저들은 자기 존재감을 갖고 고객들을 더 잘 대하게 된다.

감정 노동자들이 계속적으로 인권 침해를 당하는 현실에서 매니저와 고객의 관계는 보호자와 피보호자의 계약 관계로 보는 것이 바람직하다. 이미 일선 백화점에서는 매니저 교육에서 그들을 일대일의 계약 관계, 즉 서로 동등한 권리를 가진 사람들로 대하는 관계로 보기 시작했다. 커스터머는 '익숙해진 사람', 즉 단골 고객인데, 만일 계약 관계라는 시각으로 고객을 보면 클라이언트와 패트론의 관계가 더 효율적이라고 하겠다.

'서비스' 퇴출 현상

'서비스는 힘들다.'라고들 한다. 한국에서 자행되는 '갑질'의 상당수가 갑과 을의 관계, 즉 주종 관계가 서비스에 내재한 개념으로 인식되기 때문에 일어난다. 하지만 '구글 북스 앤그램 뷰어'를 보면 1980년대 이후 전 세계적으로 '서비스'라는 단어의 빈도수는 급격히 떨어지고 있다. 이는 서비스라는 말에 담긴 부정적 의미 때문인데, 인문학에서도 혐오 단어들과 연관된다는 지적을 받고는 잘 사용되지 않고 있다.

우리나라는 대부분의 산업이 아웃소싱으로 이루어진다. 정규직 인원이 대폭 줄면서 정규직의 많은 업무를 아웃소싱에 의존하고 있다. 그런 상황에서 '서비스'를 외부 업체에 강조하는 것은 일종의 '갑질'을 증폭시키고 있다. 이제 직원 교육에서 서비

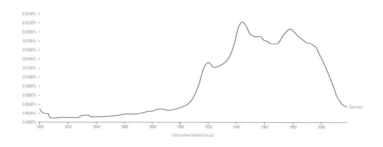

스에 대한 강조는 바뀌어야 할 시기가 되었다.

　위의 그래프에서 볼 수 있듯이, 1980년대 이후 '서비스'라는 단어는 영어로 출판된 모든 책에서 그 사용 빈도수가 현저히 낮아졌다. 미국 같은 영어권에서 이 단어를 꺼리는 이유는 무엇일까? '서비스'에 신분 차별적 의미가 들어 있기 때문이다. 서비스의 라틴어 어근은 '세르비티움(servitium)'이다. 이 단어는 '세르부스(servus)의 상태'를 말하는데, 고대 로마에서 '세르부스'는 '노예'를 뜻했다. '노예 상태', '자유가 없이 매여 있는 상태'가 서비스의 원래 의미였다.

　고대에 누군가가 어느 가문에 노예로 들어가면 그 자자손손이 그 집에 매여 있는 상태가 된다. 노예가 어떤 가문에 매여 있는 상태란, 가령 주인이 죽었어도 주인의 자식들에게 자신뿐만 아니라 자기 자손들도 계속 노예가 된다는 뜻이다. 노예 상태는 그 가문에 종속되는 것을 의미했다.

서비스라는 말은 그 어원에 따르면 어느 정도 노예 상태, 매여 있는 상태, 복속의 상태가 전제되는 것이다. 그렇기 때문에 근로 형태를 계약 관계로 보지 않고 서비스 관계로 보는 시선 안에는 주종 관계의 관점이 깔려 있다.

노예는 하나의 인격체로 생각되지 않았기 때문에 노예와 자유민은 절대 계약을 맺을 수 없었다. 노예는 집에서 기르는 가축보다 조금 더 나은 대접을 받았을 뿐이었기에, 그들에게는 주인에게 목숨 바쳐 희생하고 헌신할 것이 당연하게 요구되었다. 이러한 관점에서 직원이나 동료 간에 서비스, 봉사, 희생 등이 강조된다면, 이는 은연중에 '갑질'이 가능한 분위기가 만들어지는 것이다.

고객 입장에서도 마찬가지다. 직원이 자신과 서로 계약 관계에 있다는 생각을 한다면 '갑질'에 대한 유혹을 떨쳐 낼 수 있다. 만일 직원을 서비스를 제공하는 사람으로 보면 고객은 그에게 지나친 요구를 일삼게 될 것이다. 서비스가 강조되면 고객 입장에서 이상한 형태의 서비스를 요구하는 기이한 현상이 생긴다.

간혹 주차장에서 아르바이트를 하는 학생들을 보게 되는데, 거기서 이른바 갑질이 빈번히 나타난다. 매연을 마시며 더위와 추위와 싸우며 일하는 아르바이트생을 향해 얼마나 갑질이 심한지 모른다. 이는 서비스라는 말이 어원적으로 갖고 있는 부정적인 한계에서 따라온 것이다. 따라서 세일즈 분야에서 서비스라는 말은 빼는 게 더 바람직한 방향이다.

해방 노예 전통

여기서 우리가 알아 둘 사실 하나는, 로마에는 노예를 데려다 놓고 어느 정도 기간이 지나면 해방시켜 주는 전통이 있었다는 점이다. 특히 이웃 그리스에서 포로로 잡아 온 노예들 중 공로가 있거나 특출한 능력을 소유한 이들은 해방시켜 주었는데, 이런 '해방 노예'들은 노예 상태에서 벗어나 자유 신분이 되었다.

유명한 스토아 철학자 에픽테토스도 원래는 노예였다. 에픽테토스의 주인은 그가 비록 하체에 장애를 갖고 있었지만 너무나 똑똑한 인재라는 것을 알아보았다. 그래서 에픽테토스를 계속 공부할 수 있도록 해방시켜 주었다.

이후 에픽테토스는 해방 노예로서 집필과 연설 활동을 했으며, 그의 책을 보고 큰 깨달음을 얻은 사람이 로마 황제 마르쿠스 아우렐리우스다. 그는 에픽테토스의 영향을 받아 스토아 철학자가 되었으며 『명상록』이라는 책을 쓰고, 나중에는 에픽테토스의 글에 대한 주석서까지 썼다. 로마인들은 한 명의 인간이 평생 노예로 예속되는 것이 바람직하지 않다고 생각했던 것이다.

파트너 개념

세일즈맨은 처음에는 고객에게 열정적인 서비스를 제공하지만, 그런 식으로 계속해서 관계를 유지하는 것을 부담스러워하곤 한다. 이미 세일즈맨과 고객의 관계 사이에 동등한 권리가 없어졌기 때문이다. 일방적인 서비스는 바람직한 모습이 아니다. 고객과의 관계가 부담스러워질 때면 계약 관계에 어떤 문제가 생겼는지 살피면 된다.

여기서 중요한 것은 세일즈맨은 노예가 아니라는 것이다. 세일즈는 판매자가 노예로서 일하는 것이 아니라 계약자로서 컨설팅을 하는 것에 가깝다. 그렇다면 세일즈맨은 클라이언트와 판매 계약상의 문제에 대해 동등하게 대화할 수 있는 관계가 되어야 한다. 이것이 컨설턴트의 기본적인 입장이고, 언어적으로도 필요한 조건이다.

계약 관계라는 것은 곧 파트너 개념이다. 앞서 언급한 '세일즈'의 어원인 '소금' 전통에서나 클라이언트 개념에서도 계약의 관점이 나타난다. 즉 서로를 동등한 관계 속에 있는 파트너로 보는 것이다.

기본적으로 판매 현장에서는 판매자와 소비자 모두 서로가 파트너라는 개념으로 세일즈를 해야 한다. 서비스 개념의 노예처럼 봉사와 희생만 강조하는 것은 바람직하지 않다. 물론 자신이 하는 일에서 열심히 봉사하는 자세와 거기 따르는 희생정신은 아름다운 것이다. 하지만 고객을 '왕'이라고 상정하는 것은 강도 높은 감정 노동의 고통이 따르기 때문에 바람직하지 않다.

"파트너의 결점을 해석하는 법을 바꾸는 것은 계산법을 바꾸는 것이다." 파트너십은 서로의 계약을 통해 쌍방이 이익을 보는 관계라는 의미일 텐데, 만약 고객의 결점을 봤다면 그 계산법을 바꿔야 한다. 그런데 결점을 해석하고 계산법을 바꾸는 노력을 주종 관계처럼 생각하면 안 된다. 즉 고객과 나의 관계는 동등한 파트너라는 계약 관계에 기초를 두는 것이 바람직하다.

1   "소비자를 클라이언트로 보면 매니저는 보호자가 된다. 매니저 또한 백화점 입장에서는 클라이언트가 된다. 누구를 클라이언트로 보느냐에 따라 보호자는 바뀐다. 근로 형태를 계약 관계가 아닌 서비스 관계로 보는 시선에는 주종 관계라는 관점이 깔려 있다. 경영인들이 매니저들에게 신의를 주면, 매니저들은 자기 존재감을 갖고 고객들을 더 잘 대하게 된다."

       경영자와 직원, 팀장과 팀원 사이를 계약 관계라는 관점에서 보면 갑질이 줄어들 것이다. 나의 일터에서 이 개념을 적용해야 하는 곳은 어디인지 살펴보자.

2   "어원적으로 서비스에는 신분 차별적 의미가 들어 있다. 세일즈 분야에서 서비스라는 말은 빼는 게 좋겠다. 판매자와 소비자 관계는 서로 동등한 파트너라는 계약 관계에 기초하는 게 바람직하다. 계약 관계는 곧 파트너 개념이다. 서로를 동등한 관계 속에 있는 파트너로 보는 것이다."

       기업과 소비자 관계, 또는 상점 매니저와 고객 관계에 서비스 개념이 아닌 파트너십 개념을 적용하면, 양쪽에 어떤 이점이 생기는지 이야기해 보자.

7

조직은 구성원들의
합보다 더 크다

고객 만족
풀필먼트
유니폼

각 부분들은 완전하지 않지만
서로 연합할 때 보다 더 완전한 모습을
띠도록 하는 것이 유니폼의 목적이다.

고객 만족(satisfaction)

만족이란 무엇인가? 영어 '새티스팩션(satisfaction)'의 어원은 라틴어 '사티스팍티오(satisfāctīo)'다. '사티스'는 '충분한', '넉넉한'을 의미하고 '팍티오'는 '만들어 줌'을 의미한다. 즉 '넉넉하게 만들어 줌'이 '만족'이다.

이 의미를 좀 더 분명하게 알기 위해서 '넉넉하다'라는 동사 '사티오(satio)'의 의미를 살펴보자. '사티오'는 '넉넉하게 먹이다', '맛보다', '감식하다'라는 뜻이다. 대상을 기분 좋게 해 준다는 의미를 갖는다. '고객 만족'이란 고객들을 맞이해서 응대할 때 그들을 넉넉하게 먹이고 맛보게 하여 충만함을 느끼도록 함으로써 기분 좋게 만들어 주는 것이다. 그럴 때 고객들은 '만족'을 느꼈다고 말한다.

'고객 만족'은 경영학에서 주로 '고객 불만(complain)'에 대한 대처 방안으로 다루는 주제다. 고객의 컴플레인이 있을 때는 보통 고객이 어떻게 해 주기를 원하는지를 살핀다. 막상 대처하는 방식을 보면 '나는 내 고객이 어떻게 해 주기를 원하나?'인 경우가 많다. 그런데 이 표현을 유심히 볼 필요가 있다. 주의를 기울여 보면 주어가 다르다. '내 고객은 내가 어떻게 해 주기를 원하는가?'일 수도 있고, 아니면 '나는 내 고객이 어떻게 해 주기를

7 조직은 구성원들의 합보다 더 크다

원하나?'일 수도 있다. 보통은 '내 고객은 내가 또는 우리 회사가 어떻게 해 주기를 원하는가?'로 이해한다.

하지만 대개의 경우 우리는 고객이라는 파트너가 변하지 않을 것이라는 선입견에 빠져 있다. 그래서 고객이 성숙하도록 유도하는 데 실제로 도움이 될 만한 그 어떤 태도도 취하지 않는다. 파트너 관계에 기초한다면, 판매자도 상대가 성숙한 고객이 되도록 인도해 주고 고객으로부터는 도움을 얻는 것이다. 어떤 도움이든 간에 서로에게 이익이 된다는 생각이 전제되어야 한다.

이제 우리는 고객의 불만에 대처할 때 좀 더 신중할 필요가 있다. 대처 방안이 어떤 것이든 간에 일방적으로 만족을 주려는 관점은 수정되어야 한다. 파트너 개념으로 생각해 보자. 서로를 쌍방 계약 관계로 보는 파트너 관계에서는 불만 사항이 생겼을 때 그 대처 방법을 파트너 양쪽 모두에게서 찾게 된다는 점이 중요한 함의를 갖는다.

그런데 이것을 서비스 개념이나 갑을 관계, 즉 주종 관계로 생각하면 성숙하게 대처하기보다는 서로 주도권을 쥐려고 상대방을 깎아내리는 경향이 생긴다. 이처럼 서로를 계약 관계가 아닌 주종 관계 선상에서 대하면 아주 다른 결과가 발생한다. 상대방에게 요구되는 친절과 평온, 인내심, 합리성 등이 최대한 발휘되지 못하기 때문이다.

풀필먼트(fulfillment)

'새티스팩션(satisfaction)'은 영어권에서는 '풀필먼트(ful-fillment)'로 사용하기도 하는데 'ful-'이라는 뜻은 'up(위로)'을 뜻하고 'fill'은 '채우다'라는 뜻이다. '위로 채움', 즉 '가득 채움'이라는 의미로 '넉넉함을 만들어 줌'이다. 최근에는 '최적화'라고도 번역된다.

최적화로서의 '풀필먼트'는 최근 코로나19 사태를 겪으면서 물류 영역에서 집중 조명되고 있다. 물류는 오랫동안 B2B에 치중했다. 'Business 대 Business'에서는 도매 몰 사업이 중점이었는데, 지금은 B2C 사업으로 전환되었다. 그러자 물류에 있는 모든 시스템 자체를 어떻게 바꿔야 하느냐가 중요한 화두로 등장했다. 그래서 나온 개념이 'satisfaction' 또는 'fulfillment'다.

보통 이전에 물류라고 하면 창고를 크게 지어 놓고 거기에 물건을 잘 쌓아 놓으면, 주문이 들어올 때 배송하는 방식이 핵심이었다. 그런데 지금은 그렇지 않다. 중요한 것은 저장이 아니라 판매와 소비자에게 직접 배송되는 물류 개념으로 전환되었다.

특히 주문이 들어오면 판매자가 직접 물건을 검수하고 배송 및 반품까지 책임지는 FBM(Fullfillment by Merchant)이 사용되기도 한다.

FBM은 창고에 물건을 많이 쌓아 놓는 대신 개개인이 원하는 다양한 상품들을 주문하고 배송받기 쉽게 대처해 나가도록 한다. 그러니까 개개인의 풀필먼트를 위한 주문과 배송 시스템을 물류 방식으로 보고, 만족감을 주기 위한 최적화가 무엇인지 살피는 것이다.

같은 맥락에서 아마존도 FBA(Fulfillment by Amazon)라는 물류 시스템을 갖추고 있다. 아마존 자체가 배송 시스템이 발달되어 있기 때문에 직접 주문을 받아 배송하며 반품까지 처리하여 고객 만족에 최선을 다하고 있다.

아마존의 창업자 제프 베이조스(Jeff Bezos)는 『발명과 방황(Invent & Wander)』(2020)에서 풀필먼트 개념을 특히 강조한다. 베이조스는 물류뿐만 아니라 아마존에서 하는 모든 사업에 '최적화' 개념을 모토처럼 사용하고 있다. 아마존도 초기에는 월마트와 같은 기존의 창고 관리 시스템이었다. 하지만 지금 월마트는 성장하지 못하고 유통은 전미에서 아마존이 석권하고 있다. 이것은 아마존이 시대의 변화를 보면서 '풀필먼트'에 적응했기 때문이기도 하다.

요즘 우리나라도 이러한 방식으로 바뀌고 있다. 결국은 시스템을 가지고 배송만 하는 것이 아니라 고객의 만족을 위해서 어떤 방향으로 가느냐, 즉 고객이 넉넉함을 맛보게 하기 위해 어떠한 방식을 고려해야 하는지의 문제와 직결되어 변화가 일어난 것이다.

국내 포털인 네이버도 2021년 3월에 입점한 판매자가 원하는 다양한 형태의 물류를 하나의 시스템으로 제공하겠다는 개념을 구체화하여 '데이터 풀필먼트 시스템(data fulfillment system)'이라는 용어를 만들었다. 또한 우리나라 대형 마트 3사인 롯데마트, 이마트, 홈플러스도 그동안 운영했던 오프라인 매장을 이제 온라인 고객을 위한 '풀필먼트 센터(fulfillment center)'로 탈바꿈하고 있다.

물론 그전부터 쿠팡의 물류센터 자회사도 '쿠팡풀필먼트 서비스'라는 이름이었으며, CJ대한통운, 한진, 롯데글로벌로지스 3대 택배 업체도 풀필먼트 서비스(fulfillment service)를 구축하고 있다. 이렇듯 물류에서 풀필먼트는 창고 관리 시스템이었는데, 이제는 주문 관리 시스템까지 포함하게 되었다.

유니폼

유니폼(uniform)을 살필 차례다. 'uni'는 라틴어 '우누스 (unus)', 즉 '하나'라는 말에서 왔다. 'form'은 라틴어 '포르마 (forma)'에서 왔는데 '형상'이나 '형태'를 말한다. 그렇다면 유니폼은 '하나의 형상' 또는 '하나의 형태'를 뜻한다. 따라서 'unus forma' 또는 'uniforma'는 단순성, 일관성, 항구성, 동형을 그 특징으로 한다. 즉 유니폼은 형태가 같고 불변한다는 의미다.

연애 시절을 한번 떠올려 보자. 커플룩이나 커플 반지를 선호하는 연인과 서로 마음이 통한다 싶으면 흔히 같은 반지를 끼거나 옷을 통일하게 된다. 연인이 아니더라도 사람들은 서로 마음이 통한다거나 한곳에 소속되어 있다는 것을 표시하기 위해서 유니폼을 입는다. 조직 내에서 유니폼은 그동안 다소 억압적이고 불평등한 면이 적지 않았다.

하지만 억압적 분위기로 표현될 소지가 있기 때문에 똑같은 디자인 말고 느낌이나 포인트가 비슷한 정도의 시밀러룩도 활용된다. 아예 똑같은 커플룩을 입기보다는 상황에 따라 감각적인 드레스 코드를 정하고 그에 맞춰서 이벤트를 할 수도 있다. 서로 마음이 통하고 같은 조직에 소속되어 있음을 드러내는 것은 자연스러운 행동이다.

원래 의미의 유니폼에는 부정적인 면보다 긍정적인 면이 더 많다. 비단 소속감과 정체성을 다진다는 차원에서뿐만 아니라 상대에게 자신은 계약을 맺은 파트너로서 '이렇게 응대하겠다'는 의미를 담고 있다는 점에서 긍정적인 면이 많다. 직원에게 유니폼을 입도록 하는 데에는 고객 응대 차원 말고도 조직원인 직원을 보호하겠는 의미도 있기 때문이다.

유니폼은 의복의 통일만을 의미하지 않는다. 유니폼의 원뜻을 보면 '같은 형상'이라는 철학적 의미도 있다. 아리스토텔레스의 질료(matter)와 형상(form) 개념에서, 그 형상이 같다는 의미가 바로 '유니폼'이었다. 우리는 '같은 형상, 같은 목적을 가진 사람들'이며 '같은 이상'을 갖는다는 의미로 동료 의식과 소속감을 표현한 것이다.

때로는 특정 정체성을 드러내기도 했는데, 18세기 중엽에 유니폼은 같은 소속을 드러내는 옷으로 정착되었다. 유니폼은 집단의 정체성과 관련이 있다. 이것은 결국 잠재력 차원에서 그 집단의 각 부분의 목적성과 관련하며, 유니폼을 입은 각자가 전체의 부분으로서 결합을 통해 전체의 목적과 형상을 이뤄 간다는 의미를 지닌다.

부분과 부분, 파트너와 파트너가 모여 하나의 형상, 즉 유니폼이 된다는 것은 앞에서 살펴본 시스템 이론에서 말한 '창발성'

아리스토텔레스

결국 아리스토텔레스의 관점에서 조직 관리는 각각의 부분들이 잠재력을 발휘해 전체가 하나의 목적과 이상을 갖도록 하는 것이다.

이 드러나는 자리가 된다. 각각의 부분들은 완전하지 않지만 서로 연합하여 하나가 될 때, 그때 그 전체가 된 하나가 보다 더 완전한 모습을 띠게 된다. 결국 아리스토텔레스의 관점에서 조직 관리는 각각의 부분들이 잠재력을 발휘해 전체가 하나의 목적과 이상을 갖도록 하는 것이다.

1 "서로를 계약 관계로 보면 문제가 발생했을 때 양쪽 모두가 대처
   방법을 찾게 된다."

   나의 일터에서 상사와 나, 그리고 나와 후배 사이를 계약 관계로
   본다면, 서로에게 어떤 이점이 있을지 생각해 보자.

2 "새티스팩션(satisfaction)은 영어권에서는 풀필먼트(fulfillment)로
   사용한다. 물류에서 최적화로서의 '풀필먼트'는 창고 관리 시스템
   이었는데 이제 주문 관리 시스템까지 포함하게 되었다."

   최근 배송 관련하여 기업 입장 또는 소비자 입장에서 어떤 점이
   장단점인지 이야기해 보자.

3 "유니폼은 같은 형상이라는 철학적 의미도 있다. '같은 형상, 같은
   목적을 가진 사람들'이며 '같은 이상'을 갖는다는 의미로 동료 의
   식과 소속감을 표현한 것이다."

   나의 일터에서 유니폼을 입고 있다면 그 장단점을 분석해 보고,
   또는 만약 앞으로 유니폼을 입게 된다면 어떤 변화가 있을지 생각해 보자.

4 "'고객 만족'이란 고객들을 응대할 때 충만함을 느끼도록 하여 기
   분 좋게('만족'을 느끼게) 만들어 주는 것이다. 그런데 우리는 고객
   이라는 파트너가 변하지 않을 것이라는 선입견에 빠져 있다. 그래
   서 고객이 성숙하도록 유도하는 데 실제로 도움이 될 만한 어떤
   태도도 취하지 않는다."

고객에게 만족을 준 특별한 사례가 있거나, 고객의 태도 변화를 유도하여 더 큰 만족을 준 사례가 있는지 찾아보자.

7 조직은 구성원들의 합보다 더 크다

8

'경영'이란
무엇인가?

조직 관점과
구성원 관점에서

'어드미니스트레이터'에는
조직의 목표를 최대화하기 위해 자신은
최소화한다는 의미가 숨어 있다.

자신을 최소화하는 이유

경영이라는 개념에는 영어로 보통 두 가지 낱말이 쓰인다. 하나는 '어드미니스트레이션(administration)'이고 또 하나는 '매니지먼트(management)'다. '경영학'을 'Business Administration'이라고 하는 데서 알 수 있듯 'administration'이 좀 더 학술적 용어에 가깝다. 반면 'management'는 'administration'의 하부 구조로서 좀 더 구체적인 역할을 말한다. 우선 '어드미니스트레이션'을 살펴보자.

경영학 개론에서 경영(administration)이란 "조직의 구성원들을 위한 지지, 협력, 대접"을 의미한다. 이러한 정의는 어디에서 나왔을까? 어원으로 따져 보면 이와 같은 정의에 도달할 수밖에 없다. 아마도 누군가가 고대 전통으로부터 이 어원을 따져서 경영의 정의를 내렸을 테지만, 이후로는 그 어근은 빠진 채 이미 정의된 의미만 계속 전달되었을 것이다. 오늘날에는 이 정의를 그저 단순하게 외웠을 텐데, 어원적으로 접근하면 좀 더 쉽게 이해할 수 있다.

'어드미니스트레이션(administration)'은 라틴어 'ad'와 'minister'가 결합된 파생어다. 'ad'는 '~을 위한', '~를 목표로 하는'이라는 뜻이고, 'minister'는 지지자, 협력자, 대접하는 자, 대리인이라는 뜻이다. 그래서 이 말을 풀이하면 경영은 '~을 위한', 또는 '~을 목표로 하는' 지지, 협력, 대접이 된다. 지지, 협력, 대접에는 목표가 있기 마련이다. 또한 그 목표를 위해서 구성원들을 지지해 주고 그들과 협력하고 대접해 주는 것이 경영이라는 것을 알 수 있다.

또한 라틴어 '미니스테르(minister)'를 살펴보자. 이 단어의 의미들 가운데는 만찬이 있을 때 수종 드는 사람, 접시 나르는 사람, 하인, 조수, 거들어 주는 사람이라는 뜻도 있다. 그 뿌리어가 'minus'인데, 여기에 '-st'가 붙으면 '최상급'이 되고, 거기에 또 사람을 뜻하는 어미 '-er'이 붙은 것이다.

따라서 '미니스터'는 어원에 의하면 '최소한의 사람'이라는 의미다. 즉 구성원들이 목표로 향하도록 지지하되 본인은 최소한이 되는 사람을 뜻한다. 그러므로 경영자는 자기를 드러내는 것이 아니라 조직의 목표 달성을 위해서 구성원들을 최대한 지지해 주고 본인은 최소한이 되는 것이다. 이것이 경영의 본뜻에 부합한다.

한편 종교에서 '미니스터(minister)'는 성직자를 뜻한다. 최대한 신의 메시지를 드러내기 위해 자신의 존재감은 최소화해야 한다는 의미가 숨어 있다. 로마에서는 장관, 대신, 각료 같은 사람들이 'minister'였다. '대사'는 국가의 목표를 위해 본인들이 사

명을 띠되 자신을 최소한만 나타내고 국가가 최대한 드러나게끔
하는 임무를 맡은 사람이다.

조직 관점의 경영에 대하여

경영을 "~을 위한 또는 ~을 목표로 한 지지, 협력, 대접"이
라고 정의한다면, 그때 경영의 목표는 무엇인가? 과연 경영은 '무
엇을 위한', '무엇을 목표로 한' 것일까? 이 때문에 경영학을 두
가지 관점으로 나누는데 하나는 조직 관점이며 또 하나는 구성
원 관점이다.

경영이 조직을 목표로 할 때 이 조직을 '경영체'라고 하고,
이때 구성원들을 경영하는 것, 즉 지지, 협력, 대접하는 것을 '경
영 활동'이라고 한다. 간단히 말해서 경영체는 조직과 관련된 것
이고 경영 활동은 구성원과 관련된 것이다. 경영에는 이 두 가지
요소가 항상 공존하고 있다.

경영은 기업 외에 지역, 정부, 학교까지 포함시켜 생각할 수
있는 개념이다. 대학도 경영을 하고 병원도 경영을 한다. 경영은
여기에서 이윤만 추구하는 것이 아니라 복지도 같이 추구하게
된다. 이윤과 함께 사람을 행복하게 하는 것이라는 두 가지 목표

8 '경영'이란 무엇인가?

를 갖게 된다. 기업, 정부, 학교 모두 달성해야 할 이윤과 복지 또는 복리 후생 등과 다른 사람을 돕는 것과도 관련돼 있다. 그래서 치료를 최우선으로 하는 병원 경영이 경영 모델로 주목받기도 한다.

경영의 목표가 되는 조직은 시스템이다. 적어도 아리스토텔레스에게 있어서 시스템은 전체가 부분의 합보다 더 커지는 것, 구성원들이 협력하여 일을 이뤄 나가면서 그것으로 인해서 시너지를 생성하는 것이었다. 경영의 목표는 단순히 일한 만큼의 결과뿐 아니라 생각지도 못했던 더 많은 '플러스알파'가 생기도록 하는 것이다. 조직 관점의 경영학에서는 시스템 관점에서 경영체 분석에 매진하고 있다.

구성원 관점의 경영에 대하여

조직 관점의 경영이라는 큰 맥이 하나 있다면, 또 하나의 맥은 구성원 관점의 경영이다. 이것은 앞서 살펴본 경영 활동인데 구성원들을 지지, 협력, 대접하는 것을 말한다. 이러한 경영을 우리는 '매니지먼트(management)'라고 한다. 그러니까 '어드미니스트레이션(administration)'이 광의의 경영이라면, 그 하부에서 관리해 나가는 것이 매니지먼트다.

  백화점을 예로 든다면, 백화점의 CEO는 '어드미니스트레이션'을 하는 것이고, 매니지먼트하는 주체는 각 매장의 매니저들이다. 그래서 'management'는 'administration'의 하부적인 구조, 다시 말해 구성원들을 관리하는 관점에서 경영을 말할 때 주로 언급된다. 경영의 목표는 조직이다. 그 조직 관점의 경영학이 있다면 이제 그 조직의 목표를 위해서 구성원들을 지지, 협력, 대접하는 관리 관점의 경영이 필요한데 이것이 매니지먼트다.

  매니지먼트의 어원을 살펴보기 위해서, 이 단어의 동사 '매니지(manage)'를 먼저 알아보자. 'man-'은 '손'을 뜻하는 라틴어 '마누스(manus)'에서 왔다. '-age'는 그리스어 '아고(ἄγω)'로 '다루다'라는 뜻이다. 결국 '매니지'는 '손으로 다루다'라는 의미가 된다. 관리는 손으로 다루는 것이다. 그래서 매니저(manager)는 '손으로 직접 다루는 일을 하는 사람'이며, 그 'manager'가 바로 관리인을 뜻한다.

  따라서 경영인과 관리인은 엄격히 다르다. 경영인은 조직적 관점에서 보는 입장이고 관리인은 직접 다루는 일을 관리하는 관점에서 보는 입장이다.

나 자신부터 경영하자

이제 '비전'에 대하여 이야기해 보자. 경영의 목표는 '조직을 위한 것'이었다. 여기서 '위한다'라는 말은 조직이 지닌 또 다른 특징을 말한다. '조직을 위한다'라고 했을 때 구체적으로 조직의 무엇을 위한다는 것인가? 그것이 바로 비전이다.

조직 자체만 있고 비전이 없는 조직도 얼마든지 있을 수 있다. 뚜렷하게 지향하는 목표가 없는 공동체도 물론 있을 수 있다. 하지만 엄밀한 의미에서 아무런 목표 없이 모이는 단체나 동아리는 있을 수 없다. 비전이 없다면 그 모임은 절대 오래 지속될수 없다. 비전은 조직이 나아가야 할 장기적인 목표와 바람직한 미래상을 뜻한다. 이것이 보통 경영학 개론에 나오는 비전에 대한 정의다.

그렇다면 이런 정의가 왜 나왔는지 살펴보자. 영어 'vision' 은 라틴어 '비시오(visio)'에서 파생되었는데 우리가 잘 알고 있는 동사 'video', 즉 '보다'라는 말에서 왔다. 우리가 보통 '비디오'라고 하는 말은 라틴어로 '나는 본다'라는 뜻의 동사다. 그리고 '비시오'는 '본 것'이라는 뜻이다. 그러니까 비전은 '본 것'을 말한다. 비전이 있느냐 없느냐는, 본 것이 있느냐 없느냐를 의미한다.

그러면 조직에서 우선 누구에게 비전이 있어야 할까? 즉 누가 이미 '본 것'을 갖고 있어야 하는가? 바로 경영인이다. 경영인, CEO, 리더는 비전이 있어야 한다. 적어도 어떤 기업이나 공동체에서 회장이 누구라거나 사장이 누구라고 할 때, 그 말은 곧 여기 모인 우리가 세운 이 리더의 비전을 따라가겠다는 것과 거의 같은 의미다. 1부에서 살펴본 대로 리더(leader)는 리드하는(lead) 사람이며, 먼저 비전을 본 사람으로서 본인이 '본 것'으로 사람들을 이끌고 가는 인도자다.

비전은 리더가 보는 것이다. 기업으로 친다면 경영인이 보는 것이다. 리더가 명확한 비전을 보고 제시하면 이것에 기초해서 구성원 각각에게 임무가 맡겨진다. 비전 자체가 없는데 임무가 주어지는 것은 이상한 일이다. 어떤 공동체가 제대로 움직이려면 적어도 리더에게는 비전이 있어야 한다.

그 비전 때문에 각각의 구성원에게 임무가 맡겨진다. 그러한 의미에서 경영인은 비전을 가지고 임무를 맡길 수 있는 사람이며 이런 사람을 리더라고 한다. 비전은 조직이 나아가야 할 장기적인 목표와 바람직한 미래상이다. 그 조직의 장래는 경영인이 비전을 가졌느냐 안 가졌느냐에 달려 있다. 다시 말해서 조직에 대한 미래 청사진이 있는지 여부가 굉장히 중요한 문제다.

리더는 명확한 비전을 보고 제시하여 구성원들을 지지하고 안내해 나가야 한다. 비전을 보고 그 비전을 제시하고 임무를 주고 구성원들을 지지하면서 그들과 협력하고, 나중에는 한 걸음 물러나 조직의 가동 지속성을 위하여 뒤에서 협력하는 임무를 이어서 하게 된다.

또한 조직은 그 비전을 인정할 뿐만 아니라 전체가 함께 공유할 수 있어야 한다. 경영인에게 가장 중요한 것은 비전을 갖는 것이다. 비전이 있어야 조직이 나아가야 할 장기적인 목표와 바람직한 미래상을 설계할 수 있다.

'경영한다'라고 할 때 우리는 어떤 '조직'을 경영할지부터 머리에 떠올린다. 하지만 소크라테스가 강조한 "너 자신을 알라."라는 금언을 떠올려 보자. 경영은 헬레니즘과 스토아철학을 거쳐 '자기 인식'부터 시작하여 궁극적으로 조직으로까지 확장된다. 그렇다면 우리는 자기 자신에 대한 경영부터 시작해야 하지 않을까?

나는 자신을 어떻게 경영하고 있고 또 어떻게 관리하고 있는가? 그리고 어떤 비전을 갖고 있는가? 이 비전을 위해 구성원들에게 임무가 주어지고, 그 임무를 잘 해내는 사람일수록 경영인은 그를 지지해 주고 협력해 주고 대접하게 된다. 그러면 구성원은 조직을 위해 임무를 다할 수밖에 없게 된다.

1   "경영자는 조직의 목표를 위하여 최대한 구성원들을 지지해 주고
     본인은 최소한으로 드러나는 것이며, 이것이 경영의 본뜻에 부합
     한다."

          내가 경영자나 팀장이라면, 구성원들이 최대한 자신들의 능력
     을 발휘할 수 있도록 뒤에서 조용히 지지해 줄 수 있는 일이 무엇인지 고민해
     보자.

2   "경영의 목표는 단순히 일한 만큼의 결과뿐 아니라 예상치 못했던
     더 많은 '플러스알파'가 생기도록 하는 것이다."

          기업이나 조직 내에서 특별 팀을 꾸릴 때가 있다. 여러 사람의 장
     점 또는 다수 부서의 능력이 어우러져 시너지 효과를 내도록 하기 위해서다.
     이런 경험이 있다면 그때 생긴 플러스알파가 무엇이었는지 이야기해 보자.

3   "조직의 장래는 경영인이 비전을 가졌느냐 안 가졌느냐에 달려 있
     다. 비전은 조직이 나아가야 할 장기적인 목표와 바람직한 미래상
     이다. 리더가 명확한 비전을 보고 제시하면 이것을 바탕으로 구성
     원 각자에게 임무가 맡겨진다."

          내가 경영인이나 팀장 또는 어떤 조직의 리더라면, 내가 이끄는
     공동체가 나아가야 할 방향에 대한 명료한 청사진은 무엇인지 이야기해 보자.

4   "경영인은 조직적 관점에서 보는 입장이고, 관리인은 직접 손으로
       다루는 일을 관리하는 관점에서 보는 입장이다."

       내가 하는 일을 경영과 관리 관점에서 구분해 보자.

9

누가
'프로'인가?

비전과 미션
핵심 기치

'프로'란 임무에 관해 공적으로

명료하게 말할 수 있는 사람이다.

영화 「미션」은 '대항해 시대'에 있었던 기독교 '선교'를 주제로 다룬다. 하지만 '미션'은 보통 국가에서는 '사명'으로, 회사에서는 '임무'로 이해된다. '미션'은 '선교'와 '사명'처럼 다르게 번역되어도 본질적인 의미는 같다.

비전과 미션의 차이

'미션(mission)'은 라틴어 '미시오(missio)'에서 온 단어로 '임무', '사명', '파견'을 뜻한다. '미시오'의 동사 '미테레(mittere)'는 '보내다', '파견하다'라는 뜻이다. 보내거나 파견하는 쪽이 주체가 될 때는 '보내다'라는 뜻이다. 그런데 보내지는 사람에게는 특정 임무가 주어지기 때문에 '미션'은 동시에 '임무'라는 의미도 띠게 된다.

'선교'도 특정 임무 중 하나다. 그래서 '선교'라는 번역어에는 보내져서 해야 할 임무에 강조점이 있다. 이런 임무 중에서 사신이나 사절이 받은 임무를 '사명'이라고 말한다. 그래서 미션을 가진 사람을 '미셔너리(missionary)'라고 하며, 선교사 또는 외교 사절이라고 부른다.

그렇다면 미션은 비전과 어떤 관계가 있을까?

9 누가 '프로'인가?

비전을 본 것만으로는 비전을 현실화할 수 없다. 비전을 구체적 행동으로 현실화하기 위해 필요한 것이 바로 미션이다. 경영자가 명확한 비전을 보고 이것을 구성원들에게 제시하고 이 비전에 기초해 구성원 각각에게 임무를 맡기고 필요에 따라 파견하는 것, 즉 경영자는 자신이 본 비전에 따라 구성원들에게 구체적 임무로서 '사명'을 맡긴다.

하지만 비전과 미션은 혼동을 일으키는 경우가 많다. 비전은 바뀌지 않지만 미션은 계속 바뀔 수 있기 때문이다. 비전이 있으면 구체적인 미션이 조직에 주어진다. 물론 조직이 가진 공통의 미션도 있지만, 구성원 각각이 가진 개별적인 미션도 있다. 미션은 상황에 따라 계속 바뀌어 나가는 것이기 때문에 그만큼 주의해야 할 점이 많다.

예를 들어, 정부 기관은 정권이 바뀌면 미션이 달라질 수 있다. 새로운 정부의 리더인 대통령이 비전을 제시하면 그 비전에 따라 각 공공 기관은 구체적인 미션을 이루어 나간다. 그러니까 미션은 정부 기관에 의해 다양한 방식으로 활용되어 대통령의 비전을 국민에게 구체적으로 현실화하는 것이다. 그런 점에서 미션은 비전에 대하여 그것을 실현시키고자 하는 능동적 의지다.

조직의 비전은 그 조직의 리더에게 있고, 각각의 임무(미션)

가 그 비전에 맞춰 조직원에게 주어져야 한다. 비전에 맞춰 임무가 구성되지 않으면 구성원 간의 업무가 중복되거나 충돌될 수도 있다. 그뿐만 아니라 조직원 개개인이 자신의 비전만 소유하게 된다면 저마다의 비전이 충돌하면서 일관성 있는 업무가 신속하고 효율적으로 수행될 수도 없을 것이다.

미션은 비전, 곧 경영의 이상을 구체적인 행동으로 표현한다. 강조하건대 경영의 이상을 구체화하는 것이 곧 미션이다. 이때 미션을 맡은 구성원은 자신의 임무를 능동적으로 수행할 수 있다. 비전이 경영인을 통해서 구성원에게 전달되면 각자의 미션이 정해지고 그 미션을 능동적으로 수행하는 단계가 뒤따른다. 이런 일련의 과정을 위해서 각 조직체는 '미션 트레이닝'이나 '비전 나눔' 등 조직체의 비전과 미션을 명확히 하기 위한 워크숍을 하게 된다.

비전은 조직의 장기적인 이상인 반면, 미션은 각 구성원의 직무다. 비전은 장기적인 청사진이기 때문에 10년 계획, 20년 계획, 30년 계획까지 세울 수 있고, 미션은 각 구성원에게 임무, 직무가 무엇인지를 알 수 있도록 한다.

그런 의미에서 미션이 구성원 모두에게 똑같을 수는 없다. 물론 조직체의 비전을 지향하여 공통적인 미션이 있을 수는 있지만, 구성원 각자에게는 직무 주체에 따라 서로 다른 미션이 주

9 누가 '프로'인가?

어진다. 미션의 원래 의미가 파견될 때 주어지는 임무라는 점을 고려한다면, 각 부서에 배치되거나 파견되어 맡는 임무에 차이가 있는 것이 당연하다.

핵심 가치

'핵심 가치(core value)'에서 '핵심'이라는 영어 '코어(core)'는 '심장'이나 '숙명'이라는 뜻의 그리스어 '카르디아(καρδία)' 또는 '케르(κηρ)'가 뿌리어다. '가치'를 뜻하는 영어 '밸류(value)'의 어원은 라틴어 동사 '발레레(valere)'에서 온 것으로 '영향력'을 뜻한다. 따라서 핵심 가치란 '중요한 영향력'으로 이해할 수 있다. 그렇다면 가치라는 것은 도대체 무슨 영향력을 끼치는 것일까?

가치란 일반적으로 "개인 또는 전체 구성원이 공통적으로 인지하고 있는 의사 결정의 판단 기준"을 말한다. 그런데 판단 기준이 하나만 있으면 문제가 없겠지만 그 기준이 많다면 의사 결정에 난항을 겪는다. 특히 긴급한 결정이 필요할 때 자칫 시기를 놓치는 경우도 발생한다. 이렇듯 의사 결정 시 가치들끼리 충돌하지 않도록 하려면 그중에서 핵심 가치를 미리 선정해 두어야 한다.

환경 변화에 따라 다양한 영향들이 마치 사슬처럼 얽혀 있는 가치 간의 문제를 의미할 때 '가치 사슬(value chain)'이라는 말을 사용한다. 경영자는 '가치 사슬'의 각 단계에서 가치를 높이는 활동을 어떻게 수행할 것인지 숙고하며 비즈니스 과정을 개선할 수 있어야 한다.

또한 의사 결정 순간에 신속한 판단을 하려면 수많은 가치 사슬 속에서 우선순위를 위한 핵심 가치를 파악하고 있어야 한다. 그리고 핵심 가치를 정할 구성원 모두를 고려해야 비로소 다양한 직무에 두루 적용되는 판단 기준이 될 수 있을 것이다.

이전 세대에 '쇼핑'이 전적으로 오프라인을 상정했다면, 이제는 온라인 쇼핑을 고려해서 영업 정책을 결정하는 것이 당연하게 되었다. 가치 사슬이 오프라인에서 온라인으로 바뀌면서 그 영역이 '디지털 트랜스포메이션', 즉 디지털상의 자유 거래로 확장되었다. 이런 경우 핵심 가치는 바뀌지 않더라도 게임의 법칙은 다시 정해져야 한다.

온라인 쇼핑 개념이 없었을 때 백화점은 매장의 쇼윈도를 꾸미는 데 집중했다. 하지만 요즘에는 증강 현실에 기초하여 가상 거울 앞에서 옷을 입어 볼 수 있는 식으로 차별성을 추구해야 한다. 실제로 옷을 갈아입을 수 없는 온라인상에서 가상 거울을 도입한다는 것은 가치 사슬의 변화 속에서 게임의 법칙을 재정립하는 하나의 사례다. 만약 이런 변화에 제대로 대처해 나가지 못하면, 성장은 정체되고 환경 변화에 대한 불감증에 빠지게 될 것이다.

누가 '프로'인가?

앞에서 다룬 경영에 입각한 비전, 미션, 핵심 가치를 고루 섭렵한 사람을 '프로'라고 한다. 여기서 '프로'는 '프로페션(profession)'의 줄임말이다. 그렇다면 이 단어의 진정한 의미는 무엇일까?

'프로페션'의 뿌리어는 라틴어 '프로페시오(professio)'인데, '공언(公言)', '선언', '표명', '전문직'을 뜻한다. 이 단어의 동사 '프로피테리(profiteri)'는 '공적으로 말하다', '분명하게 말하다'라는 뜻이다. 그렇다면 '프로'란 '분명하게 말하는 사람'이다. 이 정의를 미션과 연관해 보면, '프로'는 자신의 '임무에 관해 공적으로 명료하게 말할 수 있는 사람'을 말한다.

'공적으로, 분명하게' 말한다는 건 동기 부여의 주체가 타인이 아닌 자신이라는 것이다. 그 점에서 볼 때 '업무 처리를 하는 일련의 과정이 수동적이고 서투른 사람'은 프로가 될 수 없다. 프로는 비전과 미션, 핵심 가치를 지니고 조직을 위해 자신에게 주어진 임무를 완수한다. 결국 자신의 삶을 통하여 비전과 미션, 핵심 가치를 공적으로 분명하게 전달하는 사람이다.

꼭 경영인이 아니더라도 중간 관리인이나 조직원으로서, 경영인으로부터 비전, 미션, 핵심 가치를 인지하고 본인들의 업무를 능률적으로 총괄하고 수행하며, 프로젝트를 맡을 때 그 일을 가장 효율적으로 진행하는 것이 바로 프로다.

프로젝트를 진행할 때 '공적으로 분명하게 밝힌다는 것'은 어떻게 보면 그 조직의 비전, 미션, 핵심 가치를 온전하게 파악하고 있다는 가장 큰 '증거'다. 즉 프로는 바로 그 증거의 선두 주자, 그 조직이 지향하는 바에 대한 '증인'이다.

1   "비전을 본 것만으로는 현실화할 수 없다. '미션'은 비전을 구체적으로 실현시키고자 하는 능동적 의지다. 조직원 개개인이 자신의 비전만 소유하게 된다면 저마다의 비전이 충돌하면서 업무가 일관성 있게 신속하고 효율적으로 수행될 수 없을 것이다."

       내가 속한 공동체의 비전을 현실화하기 위해 나는 구체적으로 어떤 미션을 수행하고 있는지 점검해 보자.

2   "핵심 가치란 '중요한 영향력'이다. 의사 결정 순간에 신속한 판단을 하려면 수많은 가치 사슬 속에서 우선순위를 위한 핵심 가치를 파악하고 있어야 한다."

       나의 일터에서 무엇이 핵심 가치인지 생각해 보자.

3   "의사 결정 시 가치들끼리 충돌하지 않도록 하려면 핵심 가치를 미리 선정해 두어야 한다. 의사 결정이 신속히 이뤄지려면 우선순위를 판단할 핵심 가치를 파악하고 있어야 한다."

       지금 내가 진행하는 프로젝트에서 집중도를 높이기 위해 어떤 것을 선택하고 어떤 것을 뒤로 미룰지 조정해야 하는데, 이때 적용할 핵심 가치가 무엇인지 생각해 보자.

4   "'프로'란 자신의 임무에 관해 공적으로 명료하게 말할 수 있는 사람을 가리킨다. 프로는 자신의 삶을 통하여 비전, 미션, 핵심 가치

를 공적으로 분명하게 전달하는 사람이다."

자기 임무를 명료하게 밝힐 수 있다는 건, 자신이 속한 조직의 비전, 미션, 핵심 가치를 온전하게 파악하고 있다는 '증거'다. 지금 내가 맡고 있는 임무를 서로 말해 보자.

인문 경영

3

leader

'인문 경영'이란 무엇인가?

'혁신'에 공감이 필요한 이유

"인문 경영이란
인문적 방식으로
경영함이다."

1990년대부터 '감정'에 대한 학문적 논의가 철학계에서 본격적으로 대두되었다. 이와 같은 논의는 경영적 이해와 맥을 같이하면서 더욱 유행하게 되는데 바로 이때 '인문 경영'이라는 말이 등장했다. 하지만 '인문 경영'이라는 말에는 모호한 면이 있다. 사실 서구에서 사용된 '인간성에 바탕을 둔 경영'이라는 말을 우리나라에서 짧게 줄여 '인문 경영'이라고 한 것이다.

감정 인문학

간단히 말하자면 무비판적 이윤 추구가 아니라 인문(학)적 방식의 경영이 그 개념의 핵심이다. 당시 기업가는 인문학적인 소양을 가지고 회사나 기업을 운영해야 한다는 논조 아래 그들을 대상으로 한 인문학 강의가 성황이었다. 이때 '인문 경영'에서 강조된 주제는 바로 '감정 공유'였다.

감정에 대해 경영과 관련하여 토론하는 학문적 전통은 이미 철학에서 기원전 4세기에 아리스토텔레스를 통해 꽃을 피웠고, 17세기에는 바뤼흐 스피노자(Baruch Spinoza), 18세기에는 장자크 루소(Jean Jacques Rousseau), 데이비드 흄(David Hume) 등의 공감 이론 작업으로 발전했다. 감정에 대한 논의는 이렇게 일단

락되었지만, 유독 우리나라에서는 혼란이 가중되었다. 그 이유는 감정 공유와 관련된 여러 단어들의 번역어가 우리나라 학문 분과마다 달라서 이론화 작업이 난항을 겪고 있기 때문이다.

그러나 실증적으로 분석해 보면 감정을 공유한 조직은 그러지 못한 조직보다 재정 수입이 더 증가했다. 따라서 감정을 공유한다는 것은 더 나은 지도력을 발휘하는 것, 더 나은 성과를 내는 것과 긴밀하게 연관되어 있다.

기업가가 '꾀하는' 혁신

우선 '인문 경영'이라고 할 때 인문적 소양을 갖추어야 할 사람은 누구일까? 기업가, 즉 '엔트러프러너(entrepreneur)'다. 영어 단어는 한 가지를 뜻하므로 혼선이 없는데, 우리말로 '기업가'라고만 쓰면 그 의미가 다소 애매해진다. 한자로 '기업가'에는 두 가지 뜻이 있기 때문이다. '꾀할 기(企)'를 쓰는 '기업가(企業家)'는 '사업을 꾀하는 사람'이며, '일어날 기(起)'를 쓰는 기업가(起業家)는 사업을 구상하여 '회사를 설립하는 사람'을 의미한다. 우리말에서 '기업가'에는 이 두 가지 의미가 혼용되어 있다.

먼저 '엔트러프러너'에 대해 살펴보자. 보통 '기업가 정신'

이라고 할 때 'entrepreneurial spirit'이라고 한다. 엔트러프러너는 원래 프랑스어에서 온 단어다. 동사형은 '앙트러프랑드르(entreprendre)'인데, '앙트르'는 '안으로', '프랑드르'는 '가다'를 뜻한다. 그래서 '앙트러프랑드르'는 '착수하다', '시작하다'라는 말이다. 결국 기업가 '엔트러프러너'는 '착수하는 사람', '시작하는 사람'을 의미한다. 이러한 관점에서 보면 한자에서 '꾀할 기'를 쓰기도 하고 '일어날 기'를 쓰기도 하는 이유가 프랑스어 어원에서도 그대로 나타나는 셈이다.

그런데 '인문 경영'으로 와서는 엔트러프러너에 한 가지 요소가 더 추가된다. 시작하고 착수하기 위해서 '혁신'해야 한다는 개념이 더해진 것이다. 기업가가 '인문 경영'에서 핵심적으로 해야 할 일은 '이노베이션(innovation)'이다.

기업가에게는 새로운 것이 기대되기 때문에 이노베이션이라는 개념은 현대 기업가들에게 필수적이다. 혁신은 '안으로(in-)' '새로운 것(nova)'을 집어넣는 것을 말한다. 그러니까 자연스럽게 기업가란 '뭔가 새로움을 집어넣어서 시작하는 사람'을 뜻하게 된다.

그렇다면 어떻게 해야 새로운 일을 집어넣을 수 있는가? 혁신이라는 것은 고정관념에 머무르는 것이 아니라 색다른 경험을 제공하는 것이다. 새로운 경험을 토대로 새로운 일을 끌어내는 것이 혁신이라면, 과연 우리는 어떻게 이 새로운 경험을 할 수 있을까? 경험에는 한계가 있다. 어떻게 해야 내 경험의 한계를 넘어 새로운 경험에 도달할 수 있을까? 이것이 인문 경영의 핵심이다.

기업가가 새로운 일에 착수할 때 필요로 하는 혁신은 다른 사람의 경험을 활용하는 것이다. 그 '다른 사람'의 경험이 바로 '인문학'을 활용하는 것이다. 기업가는 새로운 일을 시작하는 사람이며 새로운 일은 새로운 경험을 토대로 이루어진다.

그렇다면 한정된 경험의 범위에서 살아온 사람이 어떻게 완전히 새로운 경험을 할 수 있을까? 바로 다른 사람의 경험을 끌고 오는 것이다. 다른 사람들의 경험을 나누는 것, 그래서 감정의 공유 내지는 공감이라는 문제가 중요한 개념으로 부각된다. 결국 공감이 경영에 있어서 중요한 이유는 바로 혁신의 문제 때문이다. 다른 사람과의 경험은 곧 혁신으로 나가서 새로운 일을 시작하는 기업가가 되도록 한다.

'엠퍼시'와 '심퍼시'의 차이

이제, 감정 공유와 관련된 용어들을 살펴보자. 먼저 '감정 이입'을 의미하는 '엠퍼시(empathy)'를 우리나라에서는 '공감'이나

'동정'으로 번역하는 경우가 많다. 그런데 공감으로 번역하면 감정과 관련된 단어들과 혼동이 생기는 경우가 많기 때문에 우선 '감정이입'으로 하겠다. '엠퍼시'라는 말이 등장하는 가장 오래된 기록은 아리스토텔레스의 『시학』이다.

아리스토텔레스는 '감정이입'에 대해 설명하면서 비극이나 희극 배우를 예로 든다. 배우가 비극을 연기할 때에는 그 안에 있는 주인공을 모방하고 흉내 내면서 그 인물에게 감정이입을 한다. 배우에게는 주인공의 상황과 감정, 행동을 흉내 낼 수 있느냐 없느냐가 중요한데, 감정이입이 개인의 능력을 중심으로 일어나기 때문이다.

아리스토텔레스의 '감정이입'은 흔히 영화를 보거나 드라마를 보면서 울거나 웃거나 하는 경우로 이해할 수 있다. 영화나 드라마 속 주인공을 보고 웃거나 울었다면 인물을 동정하거나 공감했다고 할 수 있다. 그런데 엄밀한 의미에서 이런 감정이입을 그저 공감이나 동정이라고 한다면 이후 살필 단어인 '심퍼시(sympathy)'와 구분이 애매해진다.

'엠퍼시'의 어원은 그리스어다. 'em-'은 '안으로', '안에'라는 의미이고, '-pathy'의 뿌리어는 '파토스'로 '감정'이라는 뜻이다. '감정 안으로 들어감' 혹은 '감정 안에 있음'이 엠퍼시다. 즉 주인공이 느끼는 감정 안에 있거나 특정 대상의 감정 안으로 들어가

는 것을 말한다. 따라서 '엠퍼시'는 배우가 주인공이 되는 것이
아니라 주인공의 감정 안에 들어갈 수 있느냐 없느냐와 관련된
것이다.

　아리스토텔레스는 사람들이 드라마를 보고 마음의 정화
(카타르시스)에 도달하는 이유를 '감정이입'으로 설명한다. 아리스
토텔레스에 따르면, 감정이입이란 관객이 주인공의 허물과 실수,
한계에 '연민'을 느끼는 것이며, 이는 인간 본능 차원의 일이다.
아리스토텔레스는 '감정이입'을 아주 긍정적으로 평가했다.

　'감정이입' 능력은 모방에서 비롯한다. 그리스어로 모방은
'미메시스(μίμησις,)'다. 아기들은 태어나 한두 살밖에 안 됐는데
도 앞에서 누군가 웃으면 따라서 웃는 표정을 짓는다. 자신 앞에
서 웃는 부모의 감정까지는 아니지만 표정을 흉내 내는 것이다.
이때 아기는 슬픔이나 기쁨 같은 감정을 엄마와 똑같이 느낀 것
이 아니다. 단순히 표정이나 행동을 모방한 것인데 이는 인간의
뇌에 '거울신경세포'가 있어서 가능한 것이다. 이러한 모방이 아
이가 점차 성장함에 따라 '감정이입'으로 이행하게 된다.

　이렇듯 비극을 비롯한 음악, 무용 등에서 모방은 '감정이입'
으로 이해할 수 있다. 그런데 여기서 주의해야 할 점이 있다. '감
정이입'은 자신과 다른 부류인 사람들의 숨겨진 욕구와 욕망으
로 생긴 고통 속으로 들어가는 능력이라는 점이다. 여기에는 '엠

퍼시'가 발휘되는 대상이 자신과 같은 부류가 아니라는 '선 긋기'가 전제되어 있다. 이 전제는 아주 중요하다. 감정을 공유하되 나와 동류의 사람으로 여기지 않는 것이 바로 '감정이입'의 핵심이다.

그렇다면 엠퍼시를 '감정이입' 외에 '동정심'으로도 번역할 수 있을 것이다. 상대가 나와 다른 부류라는 것을 전제하고 감정을 공유하는 것이 바로 동정심이다. 동정심은 공감과는 다르다. 동정심에 계급이나 부류의 차이가 깔려 있지 않다고 주장하는 학자들도 있는데, 그것은 원어는 살펴보지 않고 번역어만 놓고 논의하기 때문이다. 엠퍼시에 대한 논의는 한국어 번역어의 문제가 아니라 원어에 대한 이해로 가야 마무리될 수 있다. 엠퍼시는 서로 다른 부류의 사람에게서 느끼는 감정의 공유다. '엠퍼시'를 이렇게 정의하면, '감정이입'이나 '동정심'이 그 뿌리말에 근접한 번역어가 된다.

최근에 공감과 관련한 이론을 병원 경영에 적용하는 문제를 놓고 많은 논의가 있었다. 이에 따라 엠퍼시에 대한 반성이 유럽과 미국의 병원에서 일어나고 있다. 지금까지 의료진은 환자들의 고통(감정) 속으로 들어가는 엠퍼시를 가졌고, 그것은 철저하게 의료진과 환자라는 일종의 구분을 전제한다. 하지만 최근에는 의료진과 환자 모두 같은 부류임을 전제하여 고통의 감정을 공유하는 공감의 방식으로 치료하자는 의견이 대세를 이루기 시작했다. 물론 의사와 환자라는 관계에서 쉽지만은 않은 일이겠지만 이러한 성찰도 '인문 경영'의 한 시도다.

새로운 혁신을 추구하는 기업가들의 바탕에 깔려 있는 '인문 경영'의 핵심은 감정에 대한 이해에서 찾을 수 있다. 감정에 대한 성찰이 절대적으로 필요한 병원뿐만 아니라 모든 경영 현장에서도 진지한 논의가 필요한 시기가 되었다. 우리는 다른 사람을 동정심으로 보고 있는가, 아니면 공감으로 보고 있는가? 무엇이 되었든 간에 이런 성찰의 과정을 거친 경영이 '인문 경영'의 토대가 된다.

1   "기업가가 새로운 일에 착수할 때 필요로 하는 혁신은 다른 사람
    의 경험을 활용하는 것이다. 감정을 공유한다는 것은 더 나은 지
    도력을 발휘하는 것, 더 나은 성과를 내는 것과 긴밀하게 연관되
    어 있다. 실증적으로, 서로 감정을 공유하는 조직은 그러지 못하
    는 조직보다 재정 수입이 더 증가했다."

    내가 다니는 직장이나 내가 소속된 팀, 또는 내가 활동하는 공
    동체에서 주로 공유하고 있는 감정은 무엇인지 생각해 보자.

2   "공감이 경영에 있어서 중요한 이유는 바로 혁신의 문제 때문이다.
    다른 사람과의 경험은 곧 혁신으로 나아가서 새로운 일을 시작하
    는 기업가가 되도록 한다. 혁신은 새로운 경험을 토대로 새로운 일
    을 끌어내는 것이다."

    새로운 경험에는 물리적으로 한계가 있기 때문에, 공감을 통해
    타인의 경험을 공유해야 한다. 지금 내가 진행하는 프로젝트나 새로운 기획
    안을 만드는 일에 다른 사람의 경험에서 인사이트를 얻은 적이 있다면 이야
    기해 보자.

3   "'엠퍼시'가 발휘되는 대상은 자신과 같은 부류가 아니라는 '선 긋
    기'는 감정을 공유하되 나와 같은 처지의 사람으로 여기지 않는
    '동정'이다."

    최근에 누군가를 도운 경험이 있거나 상대의 입장에서 배려한
    적이 있다면, 그것이 공감인지 동정인지 구분하고 그 이유를 생각해 보자.

10 '인문 경영'이란 무엇인가?

11

혁신에 필요한 상상력

심퍼시와
엠퍼시,
공감의 확장

새로운 체험은 혁신을 가져오는데,
우리는 모든 것을 체험할 수 없기에
타인의 체험을 간접 경험하는
상상력과 공감력이 필요하다.

'엠퍼시(empathy)'라는 개념이 강조된 것은 20세기 이후, 특히 병원에서 근무하는 의료인들을 통해서였다. 하지만 거의 한 세기가 흐른 지금도 '엠퍼시' 대신 '심퍼시(sympathy)'를 목표해야 한다는 주장이 있다. 앞 장에서 살폈듯이 '엠퍼시'가 다른 부류의 감정 속으로 들어가는 능력, 즉 '감정이입'이라면, '심퍼시'는 같은 부류끼리의 감정 공유라 할 수 있다.

'엠퍼시'에는 어떤 문제점이 있을까? '엠퍼시'는 타인을 치료하거나 교육하기 위해 자신의 원칙을 고수하기 때문에 거기에는 상대방에 대한 구별 짓기가 은연중에 전제된다. 자신의 입장을 중심으로 상대를 평가하므로 '엠퍼시'에는 상대는 비정상이라는 선입견이 깔려 있을 수 있다. 이러한 단점을 극복하기 위해 그 대안으로 강조되는 것이 이제 살펴볼 '심퍼시', 곧 공감이다.

공유된 경험

'심퍼시'는 어원적으로 고대 그리스어 '쉼파테이아($\sigma\upsilon\mu\pi\acute{\alpha}\theta\epsilon\iota\alpha$)'에 뿌리를 두고 있다. '쉼-'은 '함께'이고, '파테이아'는 '파토스'에서 파생된 말로 '감정'을 뜻한다. 그렇다면 '심퍼시'는 '공유된 감정', 즉 '공감'을 의미한다. '심-'이란 형태에서 '같은 부류', '동류'

11 혁신에 필요한 상상력

라는 의미가 포함되기도 하는데, 그래서 철학사에서 '심퍼시'는 '동류애'로 해석하기도 한다.

『옥스퍼드 영어사전(New Oxford American Dictionary)』에서는 '심퍼시'를 '공유된 경험을 바탕으로 종종 누군가를 위하는 감정'으로 정의한다. 여기서 주목해야 할 것은 '공유된 경험'이다. 다른 사람이 슬퍼하거나 기뻐할 때 '그래, 나도 저런 경험이 있었는데 참 슬프겠다.'라고 느끼는 것을 뜻한다.

일반적으로 동류로서 공감할 수 있는 가능성은 경험의 유무에 달려 있다. 신입사원이 입사 초반에 문서 작성에 어려움을 겪는다고 하자. 자신도 신입 때 그런 경험이 있었다면 그 신입사원의 고통을 금방 공감할 수 있다. 이때 느끼는 감정이 바로 심퍼시다. 다른 상대가 그런 경험을 할 때 자신이 동일한 경험을 했기 때문에 쉽게 공감할 수 있게 되는 것이다.

공감의 확장

만약 내가 어떤 회사에 부서장으로 입사했는데 신입사원 때 겪는 문서 작성의 어려움을 경험한 적이 없었다면, 그래도 신입사원에게 공감할 수 있을까? 동일한 경험을 하지 않은 개개인들이 '심퍼시'의 감정을 공유할 수 있는 이유는 무엇일까? 바로 이 문제에 대해 철학자 데이비드 흄이 고민했다. 흄은 근세철학의 마지막 황태자로서 이전의 모든 철학을 상당 부분 종합하고 비판했다. 흄의 문제의식을 토대로 이마누엘 칸트(Immanuel Kant)와 같은 걸출한 철학자도 나올 수 있었다.

흄은 공감이 감성의 영역에만 국한한다면 '편향성(partiality)'에 빠진다고 보았다. 흄은 공감이 이기심보다도 더 근원적인 인간 본성이라고 주장했다. 인간에게 욕구, 감성, 지성, 의지라는 부분이 있다고 할 때 흄은 공감의 영역이 감성부터 지성까지 이른다고 보았고, 이것을 '공감의 확장'이라 했다.

그뿐만 아니라 공감을 기존의 감성 영역에서 지성 영역으로까지 확장시킬 때 비로소 감성에서 나타날 수밖에 없는 감정의 편향성을 극복할 수 있다고 생각했다. 개인이 갖고 있는 편향성은 타자와 적극적으로 아이디어를 주고받으며 소통할 때 극복되기 때문이다.

감성에서 지성까지 확장된 공감은 근세철학의 경험론과 합리론에서 중히 여긴 경험과 관념을 종합하는 것이다. 인간의 이기심을 제약하고 통제하기 위해서 사회계약이 필요하다는 것이 당시의 주된 사상이었지만, 흄은 각 개인의 공감을 최대한 확대하여 아이디어 영역으로 나아가면 보다 나은 감정에 이를 수

데이비드 흄

'엠퍼시'가 다른 부류의 감정 속으로 들어가는 능력, 즉 '감정이입'이
라면, '심퍼시'는 같은 부류끼리의 감정 공유다. 데이비드 흄에 의하
면, 공감은 '상상력에 의해 아이디어가 인상으로 전환된 것'이다.

있다고 보았다. 지성과 감성이라는 인간의 두 차원이 공감의 확장을 통해 종합되는 결과를 가져온 것이다.

흄은 공감이라는 생생한 감성의 차원을 지성 차원까지 끌고 올라와 아이디어들을 연합하고자 했다. 그가 주창한 확장된 공감의 지성 능력은 합리론자들이 말하는 논증적 추론이 아니라 감정이나 느낌에 관한 이차적 반성 능력이며, 이와 같은 반성을 통해 감정은 더욱 세련되어 간다.

상상력

감성 차원에서 느낀 감정은 지성 차원으로 전환되어 아이디어에 이르게 된다. 하지만 흄은 여기까지의 과정을 공감이라 일단락 짓지 않는다. 이차적 반성을 거친 감정이 아이디어 차원에서 끝나지 않고, 다시 감성 차원에서 느껴져야 공감이라고 할 수 있기 때문이다. 그렇다면 어떻게 감성 차원에서 지성 차원으로 전환된 감정을 다시 감성 차원으로 끌고 올 것인가?

결론부터 말하자면, 흄은 '상상력에 의해 아이디어가 인상으로 전환된 것'을 공감으로 여겼다. 그는 아이디어는 지성 차원, 인상은 감성 차원에 있는 것으로 봤는데, 상상력에 의해 지성 차원에 있던 공감이 다시 감성 차원으로 옮겨진다고 생각했다. 즉 타자의 감정에 대한 아이디어가 상상력에 의해 감성 차원으로 전환된다고 본 것이다.

그렇다면 상상력이 없는 사람은 공감력도 부족하다. 상상력이 많은 사람은 공감력이 많은 것이고, 그 공감력이 생길 때 새로운 경험에 해당하는 감정도 생긴다. 우리는 소설을 읽으면서 등장인물에게 감정이입을 하게 된다. 그리고 그 감정에 대해 반추하면서 지성 차원으로 넘어가는데 이것이 바로 아이디어, 곧 관념의 결합에 해당한다.

그런 후에는 모든 아이디어들을 결합하면서 등장인물이 겪고 있는 상황을 상상하게 된다. 얼마나 고통스러운지, 어떤 어려움을 겪고 있는지를 상상하면서 지성 차원에서 다시 등장인물의 감성 차원으로 들어가는데, 이때 감성 차원에 속하는 인상을 받게 된다. 주인공의 감정에 몰입한 후에 그 인물의 아이디어를 종합하여 상상하고 다시 주인공의 감정에 이르게 되면서 진정으로 공감하게 되는 것이다.

여기서 '엠퍼시'에서 '심퍼시'로 가는 매개가 상상력이라는 것을 알 수 있다. '엠퍼시'를 보다 더 근원적인 인간 본성인 '심퍼시'로 끌어올릴 수 있는 것이 바로 상상력이다. 상상력이 타인과 같은 감정을 일으키는 이유는 감정이 감성 차원에서 끝나지 않고 지성적 요소를 간직한 채 다시 감성 차원으로 전환되기 때문이다.

결국 공감(심퍼시)의 과정은, 감정이입(엠퍼시), 관념의 연합, 상상력, 인상에 변화를 겪으면서 진행된다. 공감은 감성에서 시작하여 지성을 거쳐 다시 감성 차원에서 공유된 감정이다. 누군가에게 슬픈 감정을 느꼈다면 우리는 이런 변화의 과정을 전부 겪고 슬퍼하는 것인지, 아니면 앞의 한두 개 과정에만 머무르고 있는 것인지를 살펴야 한다.

혁신과 공감의 관계

이 장에서 우리는 기업가 정신을 살피면서 공감력과 상상력까지 연결시켰다. 기업가는 늘 이노베이션, 즉 새로운 혁신을 추구한다. 기업가가 놀라운 혁신을 이루려면 어떻게 해야 할까? 혁신을 위해서는 새로움이 있어야 하며, 그 새로움을 위해서는 자신이 경험하지 못한 것에도 공감할 수 있어야 한다. 경험하지 못한 것을 공감하기 위해서는 상상력을 동원해야 한다. 상상력 없이는 공감력이 작동할 수 없다. 상상력이 동원되지 않으면 '심퍼시'로 나아갈 수 없으며 결국 어떤 혁신도 해낼 수 없다.

새로운 체험은 새로운 해석을 만들고, 고정관념에서 벗어난 혁신적 생각을 끌어낼 수 있다. 하지만 모든 것을 다 체험할 수만은 없는 노릇이다. 그 때문에 기업가 정신에 있어서 체험하지 못한 많은 새로운 일들에 대한 상상력과 공감력이 중요할 수밖에 없다는 결론에 이르게 된다. '인문 경영'에서 감정이 중요하게 다뤄지는 이유가 바로 여기에 있다.

기업가, 즉 엔트러프러너는 '시작하는 자', '착수하는 자', '혁신가'라는 뜻이었다. 1990년대 이전까지는 자본을 투자해서 회사를 경영하면 그것으로 기업가가 되었다고 여겼지만, 이후로 자본만으로 일을 시작하거나 혁신할 수 있는 것이 아니라는 인식이 생기고 나서 '인문 경영'이라는 개념이 떠오르게 되었다. 인문학이 경영에 크게 기여할 수 있는 것은 경험하지 않은 것도 공감할 수 있는 인간 본성에 기초하기 때문이다. 인간 본성인 공감력을 위해 인문학이 가장 적합하다는 통찰에 따르면 인문 경영은 결국 인간 본성에 적합한 경영을 지향하는 것이다.

그 일환으로 공감에 대한 중요한 연구 성과가 있었다. 감정 공유 문제란 간단하지 않다. 철학사적으로 볼 때 공감에 대한 관심은 고대철학에서 이미 시작되었다. 공감론에 대한 입장은 고대 그리스의 아리스토텔레스가 『시학』에서 주인공과 관객 사이의 감정, 즉 연민의 감정을 분석하면서 시작되었다.

아리스토텔레스는 이른바 '카타르시스'(감정 정화)에 이르는 3요소로 (주인공의) 실수, (관객의) 공포, 연민을 말하는데, 여기서 특히 연민이 비극 배우에 대한 관객의 감정임을 밝힌 바 있다. 이런 관점은 근세철학으로 넘어와 18세기 경제학자 애덤 스미스 (Adam Smith)의 '비편향적 관찰자(an impartial spectator)' 개념으로 발전한다. 이 개념은 공연예술에서 연기자와 관객 사이에서 발생하는 감정을 분석하며 작품 속의 인물(연극의 경우, 배우)들과 관객들 사이에서 발생하는 공감의 구조를 분석하는 것을 그 핵심으로 한다.

반면에 흄은 모든 인간의 본성이 편향성을 띤다고 보았다. 그 점에서 애덤 스미스의 '비편향적 관찰자'와 구별하여 흄은 '편향적 관찰자'를 말한다. 흄은 편향성을 극복하기 위해 필요한 것이 공감이며, 상상력을 통해 감성 차원과 지성 차원에서 감정을 공유할 수 있는 공감이 가능하다고 주장했다. 그것은 곧 상상력이 인간이 서로 동류로서 느끼는 공감력에 있어 핵심적 역할을 한다는 큰 통찰을 준 것이었다.

경영에서 인문학이 필요한 이유는 무엇일까? 결국 감성과 지성 차원의 경계를 넘어서 인간 본성을 읽고 느낄 수 있는 능력을 얻기 위해서다.

1 "감정이입(empathy)이 다른 부류의 감정 속으로 들어가는 능력이라면, 공감(sympathy)은 같은 부류끼리의 감정 공유라 할 수 있다."

기준을 단순화하면 '감정이입'은 내가 경험한 적 없는 감정을 모방해서 느끼는 것이고, '공감'은 내가 경험한 적이 있어서 이해할 수 있는 것이다. 최근에 친구들과 대화에서 내가 느낀 주된 감정은 감정이입이었는지 공감이었는지 구분해 보자.

2 "감정이입(엠퍼시)을 보다 더 근원적인 인간 본성인 공감(심퍼시)의 차원으로 끌어올릴 수 있는 것이 바로 상상력이다. 상상력이 많은 사람은 공감력이 많은 것이고, 그 공감력이 생길 때 새로운 경험에 해당하는 감정도 생긴다."

다른 사람들과의 대화를 통해 나의 신념 또는 편견이나 고정관념이 바뀐 적이 있다면 그 사례를 이야기해 보자.

3 "상상력이 타인과 같은 감정을 일으키는 이유는, 감정이 감성 차원에서 끝나지 않고 지성적 요소를 간직한 채 다시 감성 차원으로 전환되기 때문이다. 공감은 감성에서 시작하여 지성을 거쳐 다시 감성 차원에서 공유된 감정이다."

내가 경험하지 못한 감정에 대해 공감한 적이 있다면, 이때 어떤 상상력을 거쳤는지 분석해 보자.

4   "경험하지 못한 것을 공감하려면 상상력을 동원해야 한다. 상상력 없이는 공감력이 작동할 수 없다. 인문학이 경영에 크게 기여할 수 있는 것은 경험하지 않은 것도 공감할 수 있는 인간 본성에 기초하기 때문이다.

'인문 경영'은 나 자신에 대한 경영에서 비롯된다. 나는 어떤 노력을 해야 할지 고민해 보자.

12

‘동기 부여’를 위한
심리학

변신하려는 의지와
인센티브

동기 부여를 위한 인센티브는
스스로 변신하고자 하는 의지를
자극하는 것이다.

'동기 부여(motivation)'는 경영학, 심리학 등에서 첨예한 연구 과제다. 최근에 확립된 학문일수록 이전 학문의 성과를 활용한다는 측면에서 비교적 최신 학문인 경영학은 심리학의 도움을 많이 받고 있다. 사람을 관리하는 데 가장 큰 도움을 얻을 수 있는 학문이 심리학이기 때문이다. 그러면 여기서 동기 부여에 대해 심리학적으로 접근해 보자.

동기 부여란 과연 무엇일까? 모티브(motive)라는 말은 라틴어 '모티부스(motivus)'에서 온 것이며, 이 단어의 동사 '모베레(movere)', 즉 '움직이다'의 수동적 의미다. 그러니까 모티브는 '움직여지도록 하는'이라는 뜻이고, 모티베이션은 '움직여지게 함'을 뜻한다. 그러니까 움직이게 하는 것이 동기 부여 또는 동기 유발이다. 그럼 누가 누구를 움직이도록 하는 것일까?

경영인이나 비전을 가진 리더가 구성원들을 움직이도록 하는 모든 것을 동기 부여라고 한다. 물론 구성원 스스로가 자신에게 직접 동기 부여를 하기 위해서 노력할 수도 있다. 하지만 일반적으로는 관리자가 구성원에게 동기 부여하는 것을 말한다.

'움직이도록 함'이라는 어원상의 정의를 가지고 동기 부여와 관련하여 다섯 가지 물음을 제기해 보자.

① 무엇이 움직이게 하는가?

② 무엇에 의해 움직여지는가?

③ 욕구에 의해 움직여지는가? 아니면

④ 욕망에 의해 움직여지는가?

⑤ 결국 스스로 움직이게 하는 것은 무엇인가?

첫째 물음은 '무엇이 움직이게 하는가?'다. '움직이게 함'이 철학에서는 '어펙트(affect)'와 밀접하다. 둘째 물음은 '무엇에 의해 움직이는가?'인데, 그것은 곧 인센티브(incentive)다. 셋째 물음은 '욕구', 즉 우리의 '니즈(needs)'를 말한다.

넷째 물음은 '욕망에 의해 움직이는가?'인데, 이는 우리의 '원츠(wants)' 또는 '디자이어(desire)'를 묻는다. 다섯째 물음이 '결국 스스로 움직이게 하는 것은 무엇인가?'다. 이것은 '동기 부여 3.0', 즉 스스로 움직이게 하는 것에 대한 논의다. 이 장은 이 다섯 가지 물음과 관련하여 동기 부여에 대한 다섯 개의 주제를 다룰 것이다.

'추동'으로서의 동기 부여

'추동(推動)'이라는 단어로 번역되는 영어 '어펙트(affect)'는

'감정', '기분', '정서'를 의미하기도 하는데 최근 심리학에서는 '추동'으로 번역한다. 추동은 자극하여 움직이게 함으로, 그 의미를 되새겨 보면 '움직이도록 함'과 밀접하다. 즉 동기 부여가 추동과 밀접하다. 추동의 또 다른 영어 낱말로 '드라이브(drive)'가 쓰이는 이유도 그 때문이다. 무엇인가에 '드라이브를 건다'라고 할 때 추동, 즉 '움직이게 함'이 일어난 것이다.

'어펙트'는 우리말로 '변용', '감응', '정동', '추동', '감정', '정서' 등으로 다양하게 번역된다. 어펙트는 무엇인가 다가와서 그 다가옴의 결과가 자신의 감정에 영향을 미친 것이다. 그래서 감정과 관련된 단어들로 번역되는 것이다.

동기 부여는 최근 심리학에서 이론화되었지만, 이와 관련된 개념인 '어펙트'는 이미 근대 철학에서부터 설명되었다. 특히 스피노자가 '어펙트'에 집중하면서 그 개념을 명확하게 해 주었다.

영어 '어펙트'의 어원인 라틴어 '아펙투스(affectus)'를 분해해 보면 '아드(ad-)'와 '펙투스(fectus)'이다. '아드'는 영어로 'toward'의 뜻이 있고, '펙투스(fectus)'는 '만들어진', '영향받은'이란 뜻이다. 그래서 결합어인 '어펙트'는 어떤 대상이 자신에게 다가와 만들어진 것, 어떤 대상을 수용하여 변화된 것, 또는 어떤 대상과 마주쳐 바뀐 것을 말한다. 이럴 때는 '변용'이나 '정동(情動)' 등으로 번역한다.

원래 어펙트는 수동적인 의미지만, '추동'으로 번역할 때는 무엇인가 자신에게 다가와서 드라이브를 건다는 것에 강조점이 있다. 요즘 영어권에서는 라틴어 '아펙투스'를 아예 '드라이브'라는 말로 번역하기도 한다. 미래학자 대니얼 핑크(Daniel Pink)가 동기 부여를 다룬 저서에 『드라이브』라 이름 붙인 것도 그런 이유에서다. 동기 부여를 '움직이도록 함'과 '변화됨'으로 이해하면, 동기 부여는 추동이라는 능동적 의미와 어펙트라는 수동적 의미를 모두 지닌다.

변신하려는 의지

그렇다면 어펙트 또는 동기 부여를 받는 사람의 입장에서 중요한 것은 무엇일까? 받아들이는 능력, 즉 수용 능력이 중요하다. 타인을 바꾸는 능력이 아니라 스스로 받아들이는 능력이 동기 부여를 받는 입장에서 중요한 것이다.

동기 부여에 수동성과 능동성이 있는 것은 동기를 부여하는 사람이 있고, 그것을 부여받는 사람이 있기 때문이다. 동기 부여를 하는 입장에서는 인간 본성에 입각한 인문학적 통찰을 동원하여 상대를 추동할 수 있다. 동기 부여를 받는 입장에서는 수용의 능력, 다시 말해서 받아들이고 변화를 꾀하는 의지가 있어야 하고, 자신의 발전이나 성숙을 위해서 동기 부여를 받고자 자원해야 한다. 그러니까 동기 부여를 하는 자나 동기 부여를 받는 자나 모두 변하려는 의지가 있어야 한다. 결국 수용의 능력은 변신하려는 의지다.

동기를 부여하려는 자는 그 대상에게 반드시 변신 의지를 자극해야 한다. 또한 변신하려는 의지를 추동하고 그 의지에 드라이브를 걸어야 한다. 하지만 동기 부여가 없는 상태, 수용 능력이 없는 상태, 변신하려는 의지가 없는 상태에서는 감정 노동자들이 겪는 것과 같은 일종의 감정 모순이 일어난다. 자신이 목표하는 삶이기 때문에 기쁜 감정이 얼굴에 자연스럽게 드러나야 하는데, 그 목표를 향해 변신하려는 의지가 없으면 억지로 감정을 나타내야 하기 때문이다.

어떻게 하면 감정 노동에 따른 억압을 겪지 않도록 사람들의 의지를 추동할 수 있을까? 어떤 동기 부여가 그 의지를 바꿀 수 있을 것인가? 최근 경영에서 이 사안은 굉장히 중요한 문제로 떠올랐다.

지금까지 무엇이 움직이게 하는가를 살폈다. 추동, 즉 어펙트가 함의하는 능동적, 수동적 의미의 동기 부여였다.

12 '동기 부여'를 위한 심리학

인센티브

이제 두 번째 물음, 사람은 무엇에 의해 움직여지는지 살펴 보자. 결론부터 말하자면 우리는 인센티브(incentive)에 의해 움 직인다. 동기를 부여하기 위해서는 인센티브를 주어야 한다. 그 래서 흥미롭게도 경제학자들은 경제학을 '인센티브를 연구하는 학문'으로 정의하기도 한다.

영어로 인센티브는 '자극적인', '고무하는'이라는 의미이며, 명사로는 '자극', '유인', '보상물', '의욕', '열의'라는 뜻도 있다. 인 센티브의 뿌리어는 라틴어 '인센티붐(incentivum)'이다. 이 단어의 동사 '인칸토(incanto)'의 뜻을 살피면 그 의미가 더 명확해진다. 'in-'은 '안으로', 'canto'는 '노래하다'라는 뜻이다. '어떤 사람 안 으로 노래해 주다'라는 뜻인데, 그래서 '마법을 걸다'라는 뜻도 있다. 노래하며 커다란 자극으로 사람을 홀리는 것이 바로 '마법' 이다. 문학에서 '인칸토'는 주로 마법을 걸 뿐만 아니라 유혹하여 다른 것으로 둔갑시키는 것을 이를 때 사용되는 단어다. 사람을 자극하고 고무하며, 심지어 자신도 모르게 다른 무엇으로 둔갑 하게까지 하는 것이 바로 인센티브다.

결국 인센티브는 사람을 바꾸어 놓는 자극제 내지 보상물 이다. 인센티브는 앞에서 다룬 첫 번째 주제와 아주 밀접한 관련을 맺는데, 추동이나 어펙트로서의 동기 부여는 인센티브에 의해 가능해진다. 사람이 움직이는 것, 사람에게 마법을 걸어 바뀌게 하는 것은 인센티브에 의해 일어난다. 요약하자면 인센티브는 사람을 자극하고 움직이게 하여 변신케 하는 것이다.

그렇다면 구체적으로 오늘날 스스로 변하도록 동기 부여를 제공하는 것은 무엇일까? 주로 경제적 보상이나 승진 등이 인센티브로 거론된다. 인센티브는 자신을 변신케 하는 총체적인 의미를 내포한다는 것을 알 수 있다. 하지만 '인센티브'의 의미가 경제적 보상이나 승진에만 국한되지는 않는다.

왜 인센티브가 있으면 동기 부여가 되고 우리는 왜 그것 때문에 행동하게 되는 것일까? 자극과 반응을 연구하는 생물학이나 인공두뇌학(사이버네틱스)에서는 인센티브를 자극으로, 행동을 반응으로 보고 접근한다. 생물의 반응이나 컴퓨터의 반응이 일어나도록 자극하는 모든 것이 인센티브인 것이다. 인센티브가 동기 부여의 수단인 이유는, 목표하는 행동을 유발하기 때문이다.

회사원이 어떤 행동을 하도록 만드는 자극이 인센티브라고 한다면, 컴퓨터가 소형 전구에 빛을 내도록 깜빡이며 데이터를 입력하는 것도 인센티브로 볼 수 있다. 무엇이든지 목표하는 반응을 하게 하는 모든 자극이 다 인센티브다. '인칸토'라는 라

턴어 어근이 내부에 마법을 건다는 의미이듯이, 인센티브는 그것을 통해 대상이 변신하게끔 하는 매력적인 것을 뜻한다.

하지만 여기까지는 동기 부여 2.0에 해당한다. 동기 부여 2.0은 경제적인 인센티브를 통해 사람이 행동한다고 의식한다. 하지만 그에 대한 반성이 일어나면서 우리는 더 깊은 통찰에 이르게 되었다. 그 통찰은 동기 부여나 인센티브가 어떤 보상만이 아니라 변화와 성숙을 지향한다는 데 있다. 경제적 인센티브 외에도 또 다른 인센티브, 즉 어떤 모습으로 변화하고 성숙하기를 원하는지에 주안점이 생기게 된다. 이 점에 대해서는 다음 장에서 살펴보도록 하자.

1 "'어펙트'란 어떤 대상과 마주친 결과 내 안에서 변화된 것을 말한다. 동기 부여는 추동, 즉 어펙트가 일어난 것이다. 어펙트는 무엇인가 다가와서 그 다가옴의 결과가 자신의 감정에 영향을 미친 것이다."

최근 누군가와 대화하거나 영화, 강의, 독서 등을 통해 나의 생각, 태도, 감정 등에서 어떤 변화가 일어난 적이 있는지 점검해 보자.

2 "① 무엇이 움직이게 하는가? ② 무엇에 의해 움직여지는가? ③ 욕구에 의해 움직여지는가? ④ 욕망에 의해 움직여지는가? ⑤ 결국 스스로 움직이게 하는 것은 무엇인가?"

내가 주도적으로 작업한 프로젝트나 활동이 있다면, 이 다섯 가지 기준을 적용해서 그 이유를 분석해 보자.

3 "동기를 부여하려는 자는 그 대상에게 반드시 변신 의지를 자극해야 한다. 동기 부여가 없는 상태, 수용 능력이 없는 상태, 변신하려는 의지가 없는 상태에서는 감정 노동자들이 겪는 것과 같은 일종의 감정 모순, 즉 억지 감정이 일어난다."

친구나 가족에게 조언하거나 팀원이나 후배에게 잘못을 지적할 때 그 사람이 스스로 변하고자 하는 마음을 갖게 해야 한다. 내가 지금 누군가의 태도와 행동을 교정해 줘야 한다면, 어떤 관점에서 조언하고 지적해야 할지 생각해 보자.

4   "목표하는 반응을 하도록 하는 모든 자극이 인센티브다. 생물의
     반응이나 컴퓨터의 반응이 일어나도록 자극하는 모든 것이 인센
     티브다."

         인센티브는 승진과 보너스뿐 아니라 칭찬과 인정, 지향하는 가
치관, 복지와 환경 등 다양하다. 나 자신을 움직이게 하는 인센티브는 무엇
인지 서로 이야기해 보자.

13

태도를 먼저
바꿔야 한다

동기 부여 3.0
자기 인식

동기 부여에서 중요한 것은 행동 변화에
그치지 않고 '태도'의 변화까지
가야 한다는 점이다.
이것이 동기 부여 3.0의 핵심이다.

동기 부여 이론은 행동 자극을 위해서 무엇을 '표시'할지에 집중한다. 경영자든 팀장이든 누구든지 동기 부여를 통해 서로 같은 비전을 품고 임무를 수행해야 한다. 여기서 중요한 것은 동기 부여를 위해 무엇을 표시할지에 집중하는 것이다. 동기 부여란 '표시'가 동반되어야 하며, 니즈와 원츠 두 가지가 동반할 때 비로소 사람에게 행동을 유발하도록 만든다.

'니즈'란 무엇인가

과거 인센티브는 주로 금전적 보상으로 그 의미가 국한되었다. 예를 들어 스톡옵션이나 주식, 보너스 등의 성과급이 인센티브였다. 하지만 '니즈(needs)' 개념이 사람을 행동하도록 만드는 주요 자극으로 새롭게 조명받았다. 그렇기 때문에 니즈는 인센티브 중 하나로 생각할 수 있다.

'니즈'가 표시되는 순간 동기 부여가 일어나고 행동이 나타난다. 니즈는 자신의 마음을 바꾸고 자신이 어떤 행동을 하도록 유발하는 동기 부여를 위해서 반드시 표시되어야 하는 '필요'다. 그런데 문제는 이 내용이 잘 드러나지 않기 때문에 표시하기가 쉽지 않다는 데 있다.

우선 '니즈'는 생리적이고 신체적인 일차적 욕구를 총칭한다. 배가 고플 때 음식이 먹고 싶다거나 추울 때 따뜻한 옷을 입고 싶다는 욕구가 바로 니즈다. 상대방의 욕구가 무엇인지 모른다면 동기 부여를 할 수 없다. 물론 그 니즈를 통한 행동의 변화가 경영 목표와 비전에 잘 부합되는 것이 중요하지만, 경영 비전에는 잘 맞는데 구성원의 니즈를 충족시키는 것이 전혀 없다면 그것 또한 문제점이 되기 때문이다.

욕구 충족을 무시하여 사회에 물의를 빚는 경우도 있다. 사이비 종교 집단에서는 보통 일차적 욕구인 니즈를 포기하고 자신이 가진 소유물을 모두 처분하도록 요구하며 과도한 임무를 지운다. 동기 부여를 무시한 셈이다. 신체적인 기본 욕구를 위해서라도 기본 소득이 있어야 하는데, 종교 생활에만 매진하게 한다면 이것은 굉장히 위험한 발상이다. 니즈는 말 그대로 '필요'다. 우리 내면에 깔려 있는 필요를 인정하고, 그 니즈가 충족될 수 있는 방식의 동기 부여가 필요한 것이다.

그런데 인센티브에는 경제적 보상이나 승진 이외에도 일차적 욕구 전반이 포함된다. 앞서 인센티브는 어원상 '인칸토'라는 라틴어에서 마법을 거는 것과 관련된다고 설명했다. 사람들은 마법에 걸린 것처럼 니즈 때문에 행동을 하게 되는데, 경제적 보상도 따지고 보면 일차적 욕구에 해당되며 승진도 마찬가지다.

승진을 통해서 일차적인 욕구를 해소할 수 있다면 그것도 니즈에 속한다.

성과급이나 승진이라는 인센티브는 니즈를 표시하는 예들에 불과하다. 코로나19 팬데믹이 창궐하기 전에 있었던 '인센티브 투어', 즉 기업이나 단체에서 구성원의 욕구를 충족시키기 위해 포상 성격으로 한 여행 이벤트도 니즈에 해당하는 좋은 예다. 니즈에는 단순히 성과급이나 승진 이외에도 다양한 종류가 있으며 조직이 그 니즈를 더 적극적으로 표시할 때 구성원들에게 더 많은 동기 부여가 생긴다.

동기 부여 3.0

'원츠(wants)'가 재조명된 것은 '동기 부여 3.0'으로 넘어가면서부터였다. 성과급이나 승진 같은 외재적인 인센티브만이 아닌 원츠를 생각하게 된 데에는 '동기 부여 2.0'이 단순히 외적인 니즈만 충족시켰다는 반성이 있었기 때문이다. 이 과정에서 내재적인 인센티브, 즉 원츠는 '동기 부여 3.0'의 핵심으로 여겨졌다.

여기서 하나 짚고 넘어갈 것이 있는데, '니즈'와 '원츠'는 그 경계가 모호할 수 있다는 점이다. 위에서 들었던 예로 생각해 보

13 태도를 먼저 바꿔야 한다

자. '인센티브 투어'는 니즈일까, 원츠일까?

원츠라는 개념에도 일부 일차적 욕구에 해당하는 것이 있다. 여행을 놓고 보았을 때 그것은 어떤 면에서는 욕구 차원일 수도 있고, 어떤 면에서는 욕망 차원일 수도 있다. 일부에게는 여행이 일차적으로 생존을 위해서 필요한 경우도 있겠지만, 대부분의 경우는 욕망 차원에서 이루어진다.

욕망을 내재적 욕구로 보기도 한다. '동기 부여 3.0'에서는 인간의 '욕망'을 염두에 놓고 대상이 그 욕망의 충족을 느끼면서 행동하도록 동기를 부여하고자 한다. 이는 '내재적인 인센티브'를 줘야 한다거나 '내재적인 동기 부여'가 있어야 한다는 말과 같다. '원츠'는 내재적인 인센티브와 관련 있다.

동기 부여에 인센티브가 중요하다는 점에 대해서는 이론의 여지가 없지만, 그 인센티브가 구체적으로 무엇이냐고 할 때는 경영학과 심리학에서 약간의 차이를 보인다. 이전까지 경영학은 경제적인 면을, 심리학은 심리적인 면을 더 많이 강조해 왔다. 경제적 인센티브는 외재적인 동기 부여이고, 심리적 인센티브는 내재적인 동기 부여다.

경제적 인센티브를 강조하는 외재적 동기 부여는 '동기 부여 2.0'에서, 심리적 인센티브를 강조하는 내재적 동기 부여는 '동기 부여 3.0'에서 집중되었다. 그러나 지금은 경영학이든 심리학이든 외재적, 내재적 인센티브, 즉 니즈와 원츠, 또는 외재적 욕구와 내재적 욕구 모두에 관심을 갖는다.

요즘 직장인들은 급여를 올려 준다고 무조건 회사가 원하는 방향으로 행동하지 않는다. 다른 방식의 동기 부여가 있어야 하는데 그게 바로 내재적인 동기 부여이고, 그 내재적인 동기 부여까지 신경을 써야 한다는 점이 동기 부여 3.0에서 핵심 요소다.

그런데 사실 내재적, 외재적 동기 부여가 욕구, 욕망과 정확하게 들어맞지는 않는다. 욕구라고 해도 무조건 외재적인 것은 아니며 내재적인 면과 외재적인 면이 있다. 생리적이고 본원적인 욕구 중에서 드러낼 수 있는 것도 있지만 그러지 못하는 것도 분명 있기 마련이다. 그 드러나지 않는 욕구도 동기 부여에서 활용되어야 하는데, 그러기 위해서는 욕구와 욕망에 대한 이해가 필요하다. 욕망도 따지고 보면 내재적인 면과 외재적인 면이 있다.

내재적·외재적으로 욕구와 욕망을 단순히 구분한 이유는 대체로 욕구에는 외재적인 면이 많고 욕망에는 내재적인 면이 더 많기 때문이다. 어쨌든 내재적 동기 부여와 외재적 동기 부여는 정확하게 어느 한쪽이 내재적이고 어느 한쪽이 외재적이라고 볼 수 없다. 욕구 안에도 욕망 안에도 두 요소가 상존한다.

13 태도를 먼저 바꿔야 한다

철저한 자기 인식

'원츠'는 개인마다 다르게 형성된 욕망으로 특정 대상과 비교하여 결핍된 자신을 채우려는 추동의 상태다. 이렇게 보면 욕망은 상당히 내재적인 면을 향해 있다는 것을 알 수 있다. 욕망은 자신에게서 결핍을 느끼기 때문에 무엇인가가 채워져야 한다고 느끼는 것이다. 긍정적으로 보면 결국 성장과 성숙에 대한 갈망이다. 그렇다면 욕망은 갈망 상태의 사람들이 모두 느끼는 것이다.

가장 큰 동기 부여는 자신의 부족에 대해 아는 것에서 시작된다. 철저한 자기 인식이 없으면 결핍 또한 인식하지 못하며 동기 부여도 없게 된다. 결국 동기 부여는 결핍된 것을 깨닫게 하여 자기 인식을 시키는 것이다. 그런데 'I'm Okay. 나는 이대로 만족이야.'라는 식으로 생각하면 자신이 결핍 상태에 있다는 것을 모르게 된다. 자기 인식을 통해 결핍된 자신을 알게 되면 부족한 것을 채우고자 하는 마음이 생긴다. 이것이 바로 '원츠'다. 특정 대상을 향해 결핍된 자신을 아는 것은 자기 인식에서 가능하다.

그래서 리더십에서 가장 중요한 것은 자기 인식과 관련된다. 리더가 직접적으로 스스로 자기 인식을 해야 하고, 다음으로 자신에게 시도했던 경험을 토대로 멤버들에게도 자기 인식의 툴을 마련해 줘야 한다. 근래 들어 회사마다 교육이 상당히 많은 편이고 그 교육을 통해 비전, 미션, 핵심 가치를 나누면서 멤버들을 하나로 모으고 있지만, 사실 교육에서 무엇보다 중요한 것은 자기 인식이다. 자기 인식을 통해서 자신의 결핍이 무엇인지 인지하고 그리하여 성숙을 향한 열망을 얻도록 해야 한다.

리더는 동기 부여를 위해 구성원의 니즈를 표시할지 원칙을 표시할지 상황에 따라 판단해야 한다. 에드문트 후설(Edmund Husserl)은 『논리 연구 2』에서 "동기 부여는 표시(indication)다. 또는 표시가 동기 부여다."라고 언명했다. 여기서 표시라는 것은 결국 구성원들이 자기 존재를 바꾸게 하는 '자극'이다. 이때 '니즈'를 표시할지 '원츠'를 표시할지 판단이 필요하다. 어떤 경우는 니즈를 표시해야 하고, 어떤 경우는 원츠를 분명히 표시해야 한다. 니즈와 원츠의 명확한 표시는 동기 부여를 위해 반드시 필요한 것이다.

적용을 위해서 쉬운 예를 하나 들어 보자. 누가 "부장님, 차한잔 하고 싶어요."라고 제안했다. 지금 이 제안에는 분명 '니즈'와 '원츠'가 공존한다. 이때 그 사람의 니즈와 원츠는 어떻게 다를까? 물론 이 경우가 단순하게 차만 마시면 되는 니즈일 수도 있다. 하지만 긴히 할 말이 있다는 원츠의 표현일 수도 있다. 그렇기 때문에 이 두 가지를 모두 생각해야 한다. 어떤 하나의 행동을 하더라도 거기에 작용하는 니즈와 원츠는 분명히 다르기 때문이다. 만약 그 사람이 대화를 하고 싶은 욕구가 있는데도 못하고 단지 차만 마시고 헤어졌다면 또다시 차를 마시자고 요구할 수도 있다. 어떤 경우인지 잘 살펴야 한다.

경영인 또는 리더가 멤버들에 대하여 오직 니즈에 대해서만 반응을 보이면, 그것은 동기 부여 2.0에 머무는 것이다. 차 한 잔 마시고는 "다 마셨으면 가 볼까?" 해 버리면 니즈만 충족시키는 결과가 된다. 회사에 대한 건의 사항, 듣고자 했던 조언 등의 욕구는 해결해 주지 못한 것이다. 하지만 멤버들의 내면에서 일어나는 욕망도 살펴야 한다. 욕망을 헤아려 주지 못하면 동기 부여를 오히려 가로막게 된다.

동기 부여 3.0이라는 말을 만든 사람은 미래학자 대니얼 핑크다. 그는 『드라이브』에서 이 이론을 강조했다. 핑크는 스스로 행동하도록 만드는 자극이 지금까지 가장 간과되어 왔다고 말한다. 그 점이 동기 부여 2.0에서 동기 부여 3.0으로 이행해야 할 가장 큰 이유라고 주장한다.

그것은 그동안 외재적 동기 부여, 경제적 동기 부여가 사람을 수동적으로 행동하도록 만들었다는 반성이었다. 좋은 동기 부여란 스스로 행동하도록 만드는 것이다. 그래서 금전적인 인센티브에만 관심을 가졌던 동기 부여 2.0에서 내재적인 인센티브인 동기 부여 3.0이라는 개념이 창출된 것이다.

　　행위와 태도는 다르다. 행동하게 만들지만 태도를 바꾸게 하지 못하는 상황은 진정한 동기 부여가 아니다.
　　　　　　　—에리히 로타커, 『문화인류학의 문제들』에서

　　동기 부여에서 중요한 것은 '태도'의 변화다. 행동하게까지는 하지만 태도를 바꾸도록 하지 못하는 것은 진정한 동기 부여가 아니다. 우리는 여러 가지 수단을 통해 타인을 강제적으로 행동하게 할 수 있다. 그러나 억지로 따라오기는 하는데 태도나 자세는 수동적이라면, 그것은 동기 부여가 진정으로 이루어진 것이 아니다. 내재적 동기 부여, 즉 동기 부여 3.0이 필요한 이유가 여기에 있다.

1   "동기 부여에는 '표시'가 동반되어야 한다. 니즈(needs)는 자신의
     마음을 바꾸고 자신이 어떤 행동을 하도록 유발하는 동기 부여를
     위해서 표시되어야 하는 '필요'다. 원츠(wants)는 늘 결핍된 욕구
     를 향한 갈망이다."

          회사에서 나에게 해 주기를 바라는 동기 부여 가운데, 또는 팀
     원들이 나에게 바라는 동기 부여 가운데, 무엇이 니즈이고 무엇이 원츠인지
     나누어 생각해 보자.

2   "동기 부여 3.0에서는 인간의 '욕망'을 염두에 놓고, 대상이 그 욕
     망의 충족을 느끼면서 행동하도록 동기를 부여하고자 한다. 욕망
     은 긍정적으로 보면 결국 성장과 성숙에 대한 갈망이다. '원츠'는
     개인마다 다르게 형성된 욕망으로 특정 대상과 비교하여 결핍된
     자신을 채우려는 추동의 상태다."

          스스로 무엇이 결핍되었다고 느끼는지를 정확히 파악하는 것
     이 자기 인식이다. 나는 무엇에 대해 갈망하고 있는지 생각해 보고, 그것이
     성장이나 성숙과 관련 있는지 점검해 보자.

3   "동기 부여는 결핍된 것을 깨닫게 하여 자기 인식을 시키는 것이
     다. 동기 부여에서 중요한 것은 '태도'의 변화다."

          효과적인 인센티브나 진정한 동기 부여는 행동만 바꾸는 게 아
     니라 태도를 바꾸게 하는 것이다. 내가 어떤 동기에 영향을 받아 태도까지
     바꾼 적이 있다면 이야기해 보자.

14

직원의 만족도가
중요해진 이유

종업원에서
구성원으로

"급변하는 현대에 조직이 갖추어야 할
최상의 조건은 유연성이다."

기업에서 경영진은 기본적으로 고객 전략을 펼치며 고객 만족도, 고객 충성도, 자사 수익에 많은 관심을 기울여 왔다. 하지만 근래에 들어 직원들의 근속률이 들쑥날쑥하거나 생산성이 떨어지는 등의 현상이 두드러졌고, 이에 따라 최근 첨단 경영의 초점은 점차 직원의 이익에 맞춰지고 있다. 다시 말해 직원에 대한 인식 변화는 기업의 수익을 고객 만족도에서만 찾을 것이 아니라 직원에게서 찾아야 한다는 자성에서 비롯된 셈이다.

회사마다 인사 정책을 펼 때 고충이 따르기 마련이다. 최근 2년 이하 신입사원의 자연 감소율이 증가하는 한편 조직 충성도가 높은 장기 근속 사원들의 생산성은 계속 감소되고 있다. 다음의 대책 마련이 시급하다 하겠다.

① 어떻게 직원들을 유지할 것인가?
② 어떻게 직원들의 충성도를 높일 것인가?
③ 높은 생산성을 위해 직원들을 어떻게 이끌 것인가?

장기 근속 직원이 회사에 유무형의 도움을 주더라도 생산성이 떨어지면 문젯거리가 되기 때문에 앞의 두 가지 질문보다는 세 번째 질문에 대한 대책 마련이 보다 더 중요하겠다.

최근 많은 통계 기관에서는 근무하는 회사가 좋은 회사인지를 수치화하기 위해 직원 만족도 또는 직원 몰입도 등의 통계를 내고 있다. 그것을 위해 여러 가지 대책과 방법을 고려할 수 있겠지만 직원에 대한 바람직한 상을 찾는 것이 가장 선행되어야 한다. 직원은 일정한 직장에 근무하는 사람을 통틀어 이르는 말이다. 14장과 15장에서는 직원과 관련된 용어들을 살피기 위해 종업원, 구성원, 멤버, 파트너, 팔로어의 다섯 가지 개념을 살필 것이다.

종업원

'종업원'에는 어원에 부정적인 뉘앙스가 있다. 즉 '종업원'에는 한자를 보나 라틴어 어원을 보나 약간 부정적인 의미가 있다. 종업원을 의미하는 영어 '임플로이(employee)'는 라틴어 동사 '임플리코(implico)'에서 왔다. '휩쓸어 넣다', '종사케 하다', '끌어넣다', '말려들게 하다', '간섭받게 하다', '관련시키다', '혼란하게 하다' 등 그 의미가 상당히 많다. 거기서 나온 명사 '임플로이'는 종사케 되고 말려들게 되고 간섭을 받게 된 사람을 말한다. 어떤 업무에 계속 관여하여 빼도 박도 못한다면 그런 직원은 불행할 것이다.

사업장 안에서 종업원이라는 말에는 고용된 사람들과 그들을 고용한 고용주(employer)가 관계를 맺는다는 의미가 담겨 있다. 일을 시키는 사람과 시키는 대로 일하는 사람, 지시하고 그 지시에 따라 수동적으로 움직일 수밖에 없는 사람이라는 부정적 관계가 내포돼 있다.

'종업원'이라는 한자를 보더라도 '종(從)'자는 '좇다', '따라가다', 또는 '모시다', '시중들다'라는 의미다. 따라가고 모시고 시중드는 사람이라는 수직적 상하 개념을 분명히 밝히는 단어다. 고용인들을 격무에 시달리도록 강제하거나 방치하는 것도 무의식적으로 이 용어에 근거한 개념에 물들어 그런 건 아닌지 신중히 고려해 봐야 한다.

직원이 고용주가 시키는 대로 일하는 사람이라는 부정적인 개념을 버리기 위해서는 '직원 성과 몰입도'를 통해 직원들 스스로가 업무에 관여하거나 '몰입(engagement)'하고 있는지를 측정해야 한다. 보통 만족도, 성과, 공감대, 헌신도, 충성도의 다섯 가지를 통해 '직원 성과 몰입도'를 평가하는데, 직원은 업무에 대한 만족이 있어야 하지만 성과를 통해 경영자나 관리자, 상사, 동료로부터 인정받을 때도 그 만족도는 높아진다. 그뿐만 아니라 직장의 신뢰도, 편안한 근무 환경, 작업 안정성 등도 역시 만족도에 영향을 미친다.

하지만 단순한 고용 개념에 근거한 종업원이 과연 얼마나 업무와 성과에 몰입할 수 있을지는 회의적이다. 최근 정규직 사원이 줄면서 기업의 업무 형태는 많은 부분 비정규직 사원들의 파견 근무에 의존하고 있다. 그런데 여기서 생각해 볼 문제는 분명 정규직과 비정규직 사원들 간에 업무 만족도에서 차이가 있다는 점이다. 대부분 파견 근로자들은 위험하거나 열악한 근무 환경에 놓이게 되어 결국 관여도가 낮아지는 결과를 낳는다. 두 그룹의 근무 환경에 차이가 있기 때문에 만족도 또한 달라질 수밖에 없다. 그래서 편안한 근무 환경은 매우 중요한 요소가 된다.

파견 근로자들은 고용된 신분이니 고용인이 하라는 대로 해야 한다는 생각을 가지고 일하는 한 절대로 '직원 성과 몰입도'는 높아질 수 없다. 또한 열악한 환경에 자신들만 내몰린다면 그들은 자기들 업무에 절대로 만족할 수 없을 것이다. 지금 대부분 산업 분야에서는 파견 근무자들을 고용하여 일을 맡기는 구조로 바뀌었다. 그래서 위험하거나 어려운 환경에 방치된 사람들이 회사에 정당한 요구를 할 수 없는 구조가 됐다.

잇따른 안전사고가 유독 파견 근무자들에게만 발생하는 것은 근무 만족이 정규직 사원들에게만 해당된다고 본 경영자들의 편협한 시각 때문이다. 그 이면에는 파견 근무자들을 종업원으로 보는 이전의 시각이 한몫하고 있다.

시대가 바뀌면서 근무 형태도 프리랜서, 기그(gig) 노동으로 급격히 전환되고 있다. 이런 상황에서는 근무 만족도나 성과 관여도가 파견 근무자들에게까지 확대되어야 한다. 종업원이라는 개념에 변화가 생기지 않는다면 정규직과 비정규직의 문제는 더 많은 갈등을 야기할 것이다.

구성원

1990년대부터 미국에서는 직원들에 대한 호칭이 '임플로이' 대신 '어소시에이트(associate)', 즉 '구성원'이라는 말로 바뀌어 왔다. 경영인들은 직원에 대한 새로운 인식 변화가 있어야 그들을 만족시킬 수 있으며 그래야만 직원들이 업무에 몰입하고 회사의 비전에 관여할 수 있다고 보았다. 어소시에이트라는 단어를 선호한다는 것은, 직원을 고용된 사람이 아니라 구성원으로 여긴다는 것이다.

어소시에이트의 뿌리어는 라틴어 '아소키우스(associus)'다. 이 단어는 '아드(ad-)'(to, toward)와 '소키우스(socius)'(sharing, allied)의 결합어로 '어떤 목적을 향해 함께 나누고 연합한 사람'을 뜻한다. 그러니까 직원들에 대해서 이 칭호를 쓴다는 것은 경영 리더들이 직원들을 '자신과 비전을 나눈 사람', '수익을 함께 나누는 사람', '연합하는 사람'들로 생각하기 시작했다는 좋은 증거다. 직원의 입장에서도 종업원보다는 구성원이라는 호칭을 선호하는 것은 당연하다.

구성원이란 어떤 조직이나 단체를 이루는 사람으로서 조직의 목표 달성에 관여하는 주체, 곧 주인이라는 말이다. 구성원은 조직을 위하여 자발적으로 일하는 사람이며 또한 같이 나누는 사이가 된 사람들이다. 함께 나누는 것은 여러 형태의 이윤이며, 이때 구성원은 수익을 나누는 사람이라는 개념이 정확하게 반영된 단어가 된다.

프랑스의 현대 철학자 질 들뢰즈(Gilles Deleuze)의 관점에서 본다면 종업원의 개념은 수목형(樹木型) 조직에 가깝다. 수목형은 뿌리와 가지와 잎이 위계를 갖는 계층적 질서를 말하고, 리좀(rhizome)형은 계층적 위계 없이 번져 나갈 수 있는 번짐의 질서를 의미한다. 『천의 고원(Mille plateaux)』에서 들뢰즈는 수목형이 완전히 없어지고 리좀형이 되기보다는 조직 내에서 두 가지 유형이 상존하는 것으로 보았다. 그럼에도 불구하고 조직이 수목형으로만 치우쳐 균형을 잃게 된다면 그 조직은 위험에 처한다.

급변하는 현대에 조직이 갖추어야 할 최상의 조건은 유연성이다. 조직은 리좀형(뿌리줄기)을 유지하되 위급한 상황에는 다시 수목형(가지줄기)으로 대처할 수 있어야 하고, 그러다가 다시 정상적인 상황에서는 리좀형으로 재빨리 전환하는 유연함이 있어야 한다. 하지만 직원이 종업원이라는 인식 속에서 수목형 조직만을 유지한다면 요즘처럼 급변하는 시대에 적절히 적응하지 못할 것이다.

주체성이 강조되는 구성원 개념에서는 직원 한 사람 한 사람의 독립성과 인격이 강조되며, 모두 다 주인이기 때문에 거기에 적합한 조직을 지향한다. 모두가 주인이 되어 경영인까지 될 수 있는 조직, 이 조직이 바로 리좀형이다. 구성원이라는 이름은 능동적 주체라는 뉘앙스가 강하다는 것을 우리는 알 수 있다.

또한 직원을 종업원이 아닌 구성원으로 인식할 때 구성원 사이에 파트너 의식(partnership)이 생긴다. 다음 장에서 다루겠지만 파트너 의식은 갑자기 등장하는 것이 아니라 직원들이 자신을 조직의 구성원이라고 생각해야 얻을 수 있는 개념이다. 한번 파트너 의식을 얻고 나면 구성원 스스로가 회사의 주인이라는 자부심을 갖고 자신의 업무와 성과에 몰입할 수 있다.

능동적 주체라는 주제는 1950년대 이후 철학의 관심을 불러일으켰다가 포스트모더니즘의 신랄한 공격 대상이 되었다. 포스트모더니즘은 '주체의 죽음'이라는 모토에서 알 수 있듯이 근대를 열면서 데카르트가 강조한 주체를 약화시키려고 노력했다. 하지만 주체가 사라지자 결국은 영웅적인 리더나 CEO에게 과도하게 의존하는 부작용이 나타났다. 과거 영웅 서사가 소환되어 또다시 회사를 이끌고 직원들에게 희망을 기대하게 만들었다. 하지만 현실적으로 그런 영웅은 없었고 위선과 타성에 젖은 리더들의 모습에 실망감만 커졌다.

2000년대에 접어들어 점차 주체성이 본격적으로 강조되면서 경영학에서도 이런 시대적 흐름을 반영하여 모든 직원들이 능동적 주체라고 생각하기 시작했다.

특별한 리더들만 주체가 아니라 모든 구성원들도 주인이라고 할 때 그 밑바탕에는 '한몸 의식'이 자리하고 있다. '한몸 의식(same-boatship)'은 각자가 구성원이라는 인식을 토대로 싹트는데, 이런 한몸 의식에서 결국 경영은 '책임 경영', '참여 경영'으로 발전하게 되었다. 이제 소수의 경영에서 전 직원이 참여하는 경영으로 그 개념이 확장되었다.

회사는 구성원이 한몸이라는 의식으로 정규직 직원, 비정규직 직원을 막론하고 전 직원이 역량을 발휘할 수 있도록 지원해야 한다. 자본, 인력, 시설 등 종합적으로 자원을 지원할 때 직원들의 직장이나 성과에 대한 만족도가 높아질 것이다. 회사가 직원을 구성원으로 인정하고 그들과 함께 경영할 경우 더욱 몰입할 수 있는 조건이 될 것이다.

　　이렇듯 직원들이 진정한 의미의 구성원으로 대우받을 때 성과는 자연히 향상될 것이며, 전 직원은 자신이 속한 회사에 자부심을 느낄 것이다. 결국 '구성원'이라는 이름은 직원들로 하여금 성심을 다해 회사에 몰입하도록 이끄는 데 밑바탕이 될 것이다.

1   "높은 생산성을 위해 직원에 대한 바람직한 상을 찾는 것이 선행
     되어야 한다. 직원은 업무에서 성과를 내고 자신이 이룬 성과를
     통해 경영자나 관리자, 상사, 동료로부터 인정받을 때 만족도가
     높아진다. 조직에는 계층적 위계를 갖는 수목형과 다양하게 번져
     나가는 리좀형이 공존해야 한다."

          조직은 다양성과 혁신성을 위해 리좀형을 유지하다가도 위기
     의 순간에 수목형으로 대처하는 경우가 있고, 경직된 수목형을 유지하다가
     도 새로운 사업을 위해 리좀형으로 변형하기도 한다. 내가 속한 조직은 어떤
     지 분석해 보자.

2   "시대가 바뀌면서 근무 형태도 프리랜서, 기그(gig) 노동으로 급
     격히 전환되고 있다. 급변하는 현대에 조직이 갖추어야 할 최상의
     조건은 유연성이다."

          내가 속한 조직이나 공동체에서 이러한 유연성을 발휘한 경우
     가 있다면 그 경험을 서로 이야기해 보자.

3   "구성원이란 '자신과 비전을 나눈 사람', '수익을 함께 나누는 사
     람', '연합하는 사람'이라는 인식에서 출발한다. 구성원은 어떤 조
     직이나 단체를 이루는 사람으로서 조직의 목표 달성에 관여하는
     주체, 곧 주인이다. 모든 구성원이 주인이라는 '한몸 의식'에서 '책
     임 경영', '참여 경영'으로 발전한다. 모두가 주인으로서 경영인이
     되는 조직, 이 조직이 바로 리좀형이다."

          조직이나 공동체 내에서 어떤 계기로 주인 의식을 느낀 적이 있
     거나, 반대로 소외를 느낀 적이 있다면 그 이유를 말해 보자.

15

리더의 세 가지
역할

멤버
파트너
팔로어

"리더는 첫째로 비전을 제시하고,
둘째로 동기를 부여해 주고,
셋째로 객관적인 평가자 역할을
할 수 있어야 한다."

이제 직원과 관련하여 세 번째로 살펴볼 것은 사원이다. 사원, 즉 멤버(member)는 라틴어 '멤브룸(membrum)'에서 왔다. 이는 '사지(四肢)', '지체(肢体)', 즉 신체의 부분을 뜻하는데 전체를 염두에 두고 각각의 역할을 강조할 때 사용하는 말이다. 앞에서도 잠깐 언급했지만 하나의 조직체에 배어 있는 '한몸 의식'은 자연스럽게 지체 의식, 즉 멤버십으로 드러난다.

멤버와 멤버십

'몸이 하나'라는 주장은 오래전부터 있었다. 신약성서 「고린도전서」(12장 12절)에서 "몸은 하나인데 많은 지체가 있다."라고 하는데, 여기서 '한몸 의식'과 '지체 의식', 즉 멤버십에 대한 개념을 모두 살펴볼 수 있다. 유대교는 자신들만 신으로부터 선택받았다는 선민사상 때문에 매우 배타적이었다. 반면 기독교는 유대인들에게만 국한한 종교가 아닌 보편적 사랑의 종교임을 강조했다.

기독교가 여전히 고대 근동 지역을 벗어나지 못하고 있을 때 그 지역적 한계를 벗어나도록 결정적 역할을 한 사람이 사도 바울이었다. 바울이 해석하는 예수의 설교는 예수의 시대에서보다 더 보편성을 띠었다. 로마제국은 영토를 확장하면서 통일된 사상이 필요했다. 그런데 정복지의 다양한 종교 중에서 바울의 기독교가 모든 사상을 포용할 수 있다고 보았다. 이때 로마가 주목한 사상이 바로 "몸은 하나인데 많은 지체가 있다."라는 바울의 신학이다. 즉 몸에 지체가 여럿이지만 한몸과 같다는 것이다.

팔, 다리, 귀, 코, 오장육부 등 지체가 많음에도 불구하고 생명체는 한몸으로 이루어진다. 몸의 관점에서 보면 팔다리는 서로 유기적으로 연결되어 있고, 지체를 통해 다양성도 인정하고 몸을 통해 통일성도 인정하게 된다. 이런 이해는 우주의 모든 물질들이 다 연결된 하나의 몸이라고 생각하는 고대 우주론에서도 잘 나타난다.

다양성과 통일성에 기초한 '멤버십' 개념은 회사에도 그대로 적용된다. 회사에는 다양한 이해관계를 지닌 구성원들이 모여 있다. 구성원들은 각자 조직 내의 위치, 임무와 역할을 분명히 알아야 하나가 될 수 있다. 마치 몸에서 손의 역할이 다르고 발의 역할이 다르더라도 하나의 몸을 이루는 것과 같이 '나는 조직의 이런 위치에서 이런 임무와 역할이 있는 반면 저 사람은 저런 위치에서 저런 임무가 있구나!'라고 이해하게 된다. 이런 의식이 바로 멤버십이다.

멤버십에서 '십(-ship)'이라는 접미어는 명사나 형용사 뒤에

붙어서 '상태, 역할, 직책, 신분, 기술' 등을 나타낸다. '-십'이란 단어가 '배'라는 말에서 왔다고 주장하는 사람도 있지만, 엄밀한 의미에서 그렇지 않다. 멤버십은 '멤버의 상태', '멤버의 역할', '멤버의 직책', '멤버의 신분', '멤버의 기술' 등을 모두 의미한다.

멤버십에서 가장 중요한 것은 멤버들이 각각의 위치와 임무에 신경을 쓰게 된다는 점이다. 사원들의 위치와 임무에 따라 직위, 직책, 직무, 직급이 구분된다. 직위는 업무상의 기능과 분류의 역할이 합쳐진 개념이다. 직무를 수행하기 위해서 회사 내에 사원, 대리, 과장, 차장, 부장 등의 위치가 필요한데, 이것을 지위라고 한다.

직책은 수행해야 할 임무와 역할, 그리고 책임의 범위를 규정한 것으로 사장, 본부장, 사업부장, 공장장, 연구소장, 지점장, 팀장, 그룹장, 파트장, 팀원 등으로 나눌 수 있다. 직무는 해야 할 업무로 인사 업무, 영업 업무, 연구 개발 업무 등을 말한다. 직급은 보통 1급, 5급 등의 층위로 나뉜다.

직급, 직위, 직책, 직무라는 단어는 흔히 혼용되는데, 이것을 전부 합해서 크게 두 가지로 구분할 수 있다. 곧 지위 관점과 역할 관점이다. '우리 회사의 멤버입니다.'라고 할 때 지위 관점으로 구분하면 그의 직급과 직위를 말하고, 역할 관점으로 구분하면 직책과 직무를 말한다.

15 리더의 세 가지 역할

또한 멤버가 될 때 생기는 것은 일치감 내지 공감대(identi-fication)다. 공감대란 '동일함을 만듦'을 뜻하며, 회사와 직원들이 서로에 대해 동질감을 느끼는 것이다. 하나라고 느끼는 것, 회사가 임원을 비롯해서 직원을 종업원이 아닌 구성원으로 인식하고, 한몸 의식을 갖고, 각각의 지위와 역할을 제대로 부여했을 때 동일화가 일어나면서 공감대가 형성된다. 공감대가 성공적으로 형성될 경우 직장에 대한 자부심이 생기고, 자신과 직장은 동일한 생각을 하고 있으므로 결국 주인 의식도 생기게 된다. 그러면 회사 브랜드의 위상을 높이기 위해 적극 참여하고 관여할 수 있게 된다.

파트너

멤버라는 개념이 조직의 유기체성을 강조하는 반면, 파트너(partner)는 부분성을 강조한다. 멤버십이 유기체성을 생각하면서 무엇을 해야 하는지에 대한 관점이라면, 파트너십은 부분으로서 어떤 일을 해야 하는지 강조하는 관점이다. 멤버는 계속 한몸으로 움직이는 것을 중시하고 파트너는 각 부분이 따로 움직이는 것을 중히 여긴다. 결국 멤버십이 구성원 입장에서 한몸 의식이 있을 때 생기는 것이라면, 파트너십은 구성원의 업무 분담을 우선시할 때 얻게 된다.

파트너 또는 파트너십에서 '파트(part)'는 '부분으로 나뉜 것'을 뜻하며, 어떻게 구성원들에게 업무를 분담하면서 구성원들을 유기적으로 이끌지를 모색한다. '파트'는 라틴어 '파르스(pars)'에서 왔는데, 이 단어의 동사는 '파르티레(partire)'로 '나누다', '공유하다(divide/share)'라는 의미다. 자동차 부품도 '파츠(parts)'라고 한다. 'part'에 '-ner'가 붙어 '파트너(partner)'라고 하면 '나뉜 사람'이라는 뜻이다.

경영자 혹은 CEO에게는 전략적 파트너가 있다. 임원이나 팀장 같은 중간 관리자들이다. 하지만 사실은 모든 직원을 전략적 파트너로 생각해야 한다. 그러니까 임원이나 팀장 같은 관리자들을 포함한 전체 직원이 그 회사의 파트너다. 경영인과 리더가 파트너십을 생각할 때 염두에 두어야 할 것은 파트너들의 잠재력과 역량을 발휘하도록 하는 것이다. '저 사람은 나의 파트너야.'라고 할 때 그 '파트너'에게서 잠재력과 역량을 보고 그것을 발휘할 수 있도록 해 주는 것이다.

팔로어

이제 마지막으로 팔로어(follower)를 살펴보자. '팔로(follow)'는 '뒤따라가다'라는 뜻의 독일어 '폴겐(folgen)'에서 왔다. 그런데 이 독일어는 그 의미로 볼 때 라틴어 '수케도(succedo)'의 번역어라 추정된다. '수케도'는 '가다'를 뜻하는 'cedo' 앞에 '아래', '뒤에서'를 뜻하는 'sub-'가 결합된 단어로서 '아래서 가다', '따라가다', '근접하게 닮다'라는 뜻이다. 즉 무엇을 향해 올라가거나 따라가는 것을 말한다. 이 말이 영어로 바뀌면서 명사화될 때 '석세스(success)'와 '석세션(succession)'으로 분리되었다. 'success'는 성공이고 'succession'은 계승이지만, 사실 이 두 단어는 모두 뭔가의 뒤를 근접하게 따라간다는 의미를 내포한다.

보통 '팔로어(follower)'에 대하여 '회사에 직급이 있고 직위가 있으니까 부하 직원들은 무조건 따라가야' 한다는 식으로 이해한다. 이럴 때 흔히 군대 얘기를 하기 마련이다. 군대라는 조직이 운영되려면 계급이 있어야 하고 상관의 말에 무조건 복종해야 한다고 강조하곤 한다. 이런 원리를 회사에도 적용하려는 사람들이 있는데, 이는 잘못된 생각이다. 이런 관점에서 팔로어를 이해하는 것은 위험한 생각이다. 특히 요즘에는 더더욱 설득력 없는 주장이다.

팔로어십에 대한 개념은 저 멀리 고대철학까지 올라간다. 특히 '미메시스'는 '모방'을 뜻하는데, 인간은 모방 본능 때문에 누군가의 팔로어가 될 수밖에 없다. 바로 그 점에서 상사나 동료를 닮아 가려고 한다. 이것이 좀 더 근원적인 개념이다. 팔로어는 상사 또는 동료를 닮아 가고, 그러기 위해 상사 또는 동료들과 적극적인 커뮤니케이션을 한다.

　　상사는 직책상 자기보다 높은 자리, 높은 직위를 가진 사람으로서 구성원이 업무를 수행하는 데 중요한 의사 결정권을 갖고 있다. 상사가 의사 결정을 해야 구성원이 계획한 대로 일을 해낼 수 있다. 그 점에서 상사는 의사 결정권을 갖고 팔로어를 돕는 사람이다. 팔로어들은 자신의 상사에 대해 의사 결정권이 있고 그 의사 결정권으로 나를 돕는 자라는 생각을 해야 한다. 구성원들이 제1고객으로 생각할 대상은 자신의 역량을 위해 업무를 결정해 주고 지원해 주는 상사라는 의식을 갖고 있어야 한다. 이것이 팔로어로서 갖고 있어야 할 생각이다.

　　어느 조직에 있든지 본받고 싶은 상사가 있기 마련이다. 인간에게는 모방 본능이 있기 때문이다. 그렇다면 리더는 팔로어들을 위해서 기본적으로 세 가지 역할을 해야 한다.

　　첫째, 리더는 비전 제시자로서 역할을 해야 한다. 구성원들은 리더를 왜 닮아 가려고 할까? 팔로어가 리더를 '뒤따르는' 데는 이유가 있는데, 그 이유는 상사가 가진 비전이어야 한다. 그래서 '저 리더를 잘 따라가거나 잘 닮아 가면 그 이상을 실현할 수 있을 거야.'라고 생각해야 한다. 그리고 제시된 비전에는 팔로어의 '니즈'와 '원츠'도 포함되어야 한다.

둘째, 리더는 동기를 부여하고 팔로어의 잠재적인 의지를 독려하고 격려해 주어야 한다. 구성원이 자신의 잠재력을 리더를 통해 발견하고 동기 부여를 받아야 한다.

셋째, 리더는 객관적 통계로 데이터를 평가할 수 있는 역량 평가자 역할을 해야 한다. 비전을 제시하고 동기를 부여해 주고 있지만, 조직이나 성과에 대해 객관적인 통계로 이루어지는 평가가 미비하면 리더의 자격을 의심받게 된다.

리더의 세 가지 역할이 받쳐 줄 때 구성원들은 자신의 강점을 더욱 강화할 수 있고 약점을 보완해 낼 수 있다. 그래야 계속 발전하고, 팔로어들이 그것을 통해서 자신들이 성장하고 있음을 자각하게 된다. 리더와 상사가 제 역할을 한다는 것은 바로 이런 것이다. 그러면 구성원은 이런 상사를 자연스럽게 '팔로' 하게 된다.

지금까지 종업원, 구성원, 멤버, 파트너, 팔로어에 대해 대략적으로 살펴봤다. 한 단체의 구성원은 다 파트너이며 멤버, 그리고 팔로어인 구성원이다. 우리는 결국 본받을 사람을 따를 수밖에 없는 본성의 소유자다. 인간은 바라보는 바를 모방하는 존재다. 인간의 심리 구조가 어차피 리더를 따라갈 수밖에 없도록 형성되었다면, 많은 구성원들이 따르는 리더를 대표로 세우는 것이 회사의 인사 정책이어야 할 것이다.

그런데 요즘 조직 관리에서 어려운 문제 중 하나가 구성원들의 팔로가 제대로 되지 않는다는 것이다. 좋은 모범으로서 모방의 대상이 되어야 하는 리더에게까지 경쟁을 요구하는 구도가 그 원인으로 보인다. 그러한 경쟁 구도는 성공과 출세만을 지향할 때 나타나는 자연스러운 결과이자 부작용이다. 지금 시대에는 이 부작용을 극복하기 위해 본받을 만한 사람을 찾고 그를 따르는 일이 절실하다.

1 "다양성과 통일성에 기초한 멤버십이라는 개념은 마치 몸에서 손과 발의 역할이 다르더라도 그 모두 하나의 몸을 이루는 것과 같다. 멤버십에서 가장 중요한 것은 멤버들이 각각의 위치와 임무에 신경을 쓰게 된다는 점이다. 멤버십을 통해 구성원들 간에 공감대가 생기면 자연스럽게 주인 의식도 생긴다."

　　　내가 속한 조직에서는 어떤 부분에서 서로 공감대를 형성하고 있는지 파악해 보자.

2 "경영인과 리더가 파트너십을 생각할 때 염두에 두어야 할 것은 파트너들의 잠재력과 역량을 발휘하도록 하는 것이다. 상사는 의사 결정권을 갖고 팔로어를 돕는 사람이다. 팔로어는 자신의 상사에 대해 의사 결정권이 있고 그 의사 결정권으로 상사는 나를 돕는 사람이라는 생각을 해야 한다. 리더는 첫째, 비전 제시자로서 역할을 해야 한다. 둘째, 동기를 부여하는 사람이자 팔로어의 잠재적인 의지를 독려하고 격려해 주는 사람이어야 한다. 셋째, 객관적 통계로 데이터를 평가할 수 있는 역량 평가자 역할을 해야 한다."

　　　내가 팀장이거나 또는 팀장이라고 생각할 때, 내가 속한 조직에서는 팀원을 어떤 기준으로 평가해야 하는지 생각해 보자.

3   "인간은 바라보는 바를 모방하는 존재다."

나에게 모범이 되는 선배나 동료가 있다면 어떤 점에서 그러한
지 이야기해 보고, 만약 모방하고자 하는 사람이 없다면 그 이유를 생각해
보자.

인재 경영

4

leader

16

'인재 경영'이란
무엇인가?

능력과
역량의 치이

능력은 스펙과 스토리를 갖고 있는 반면,
스토리와 진정성을 둘 다 갖고 있는 것이
역량인 것이다.

이 회사에 있으면 내가 성장할 수 있을까? 많은 직장인들이 회사를 향해 품는 질문이다. 그저 돈만 벌려고 직장 생활을 하는 것이 아닌 이상 자신의 역량을 유감없이 발휘할 수 있을지가 궁금한 것이다. 구성원들의 이런 물음이 인사 원칙으로 자리 잡기 위해서는 경영자들의 특별한 관심이 필요하다.

최근 '인재 경영'이 중요하게 부각되면서 구성원들을 인재로 육성하는 '인사'를 경영의 목표로 삼고 있다. 이번 장에서는 '인재 경영'과 관련된 단어들 중 인재와 역량에 대해서 살피고, 다음 장에서는 성과, 권한 위임, 평가에 대해서 살펴보도록 하겠다.

인재, 컴피턴트, 포텐셜

우리는 '인재(competent)'라는 말을 참 많이 듣지만, 정작 인재를 정의하기는 쉽지 않다. 영어 '컴피턴트(com-petent)'는 라틴어 동사 '콤페테레(competere)'에서 유래했다. 'com-'은 '함께', '맞부딪쳐'를 뜻하고 'petere'는 '만나다', '추구하다'를 뜻하는데, 결합하면 '적합하다', '꼭 맞다', '어울리다', '일치하다'가 된다. 그 명사형이 바로 '컴피턴트'다. 그래서 인재를 어원에 따라 정의하자면, '적합한 사람', '맞는 사람', '어울리는 사람', '일치하는 사람'

정도가 될 것이다.

이제 여기서 궁금증이 하나 일어난다. 인재가 '적합한 사람'이라면 도대체 어디에 적합하다는 말인가? 우선 인재는 공동체의 비전과 미션에 적합한 자다. 이전까지는 주로 외부에서 인재를 영입했다. 지금은 그러지 않는 추세다. 최근에는 대부분 내부에서 직원을 육성해 인재로 만들고 관리하고 경영하려 한다. 가장 큰 이유는 외부에서 들어온 사람이 그 조직의 비전과 미션에 잘 들어맞기는 확률적으로 어렵기 때문이다. 어떤 조직의 비전과 미션에 적합한 사람은 그 조직에서 관리되고 육성될 때 훨씬 더 효율적이다.

둘째로 인재는 현안과 기획에 적합한 자다. 즉 프로젝트를 잘 수행하여 성과를 낼 수 있는 자다. 성과는 이후 살펴보기로 하고, 여기서는 우선 프로젝트에 대해 살펴보자. '프로젝트(project)'는 '앞'을 뜻하는 라틴어 '프로(pro-)'와 '던지다'의 '야케레(jacere)'가 합쳐진 말이다. '앞에 뭔가를 던져 놓는 것' 또는 '이미 던져진 것'을 모두 포함한다. '앞에 던져 놓는 것'을 '고안'이나 '기획'으로 이해할 수 있다면, '이미 던져진 것'은 '현안'으로 이해할 수 있다. 그러니까 기획도 잘하지만 현안에도 적합한 자가 인재다.

그런데 여기서 덧붙이고 싶은 것은 인재를 영어로 표현할 때 '컴피턴트' 외에 '포텐셜(potential)'도 쓴다는 점이다. 흔히 '핵심 인재'는 영어로 '하이 포텐셜(high potential)'이라고 한다. 물론 '하이 컴피턴트(high competent)'라는 말도 사용된다. 왜 두 단어를 같은 의미로 사용할까? '컴피턴트'는 '적합한 자'인데 무슨 이유로 '포텐셜'과 같은 의미로 사용하는 것일까? 컴피턴트와 포텐셜에는 어떤 공통점이 있을까?

'포텐셜'이라는 말은 '잠재성' 또는 '가능성'을 말한다. 적합한 자와 잠재력이 있는 자를 인재라고 한다면, 잠재성 내지 가능성을 가진 사람이 곧 '적합한 자'라는 의미다. 그렇다면 인재는 화려한 경력을 갖고 과거의 업적을 남긴 사람이 아니다. 아직 드러나지는 않았어도 잠재성과 가능성을 가진 상태를 포함한다.

그런데 적합한 자는 왜 '포텐셜' 해야 하는가? 바로 사안에 따른 대처 능력이 필요하기 때문이다. 대처 능력은 아직 겪어 보지 않은 일에 대하여 알맞은 조치를 취하는 능력으로, 인재 요건에서 가장 중요한 자질이다. 인재는 결과물도 좋아야겠지만 먼저 어떤 가능성을 갖고 있는지, 대처할 만한 유연성을 갖췄는지를 살펴야 한다. 경영인은 직원이 갖고 있는 잠재력을 가능한 최상으로 끌어올려 성과를 거두도록 해야 한다.

그런데 우리는 잠재력이나 가능성을 못 보고 결과물만 보는 경향이 있다. 포텐셜에 주의하지 않으면 그 사람이 지닌 무한

16 '인재 경영'이란 무엇인가?

한 잠재력을 제대로 볼 수 없다. 다른 사람들은 못 보더라도 진정한 리더는 바로 잠재력을 볼 수 있어야 한다. 리더는 구성원의 잠재력에 대한 확신이 있어야 하며, 그때 잠재력을 발휘할 환경을 만들어 주고 힘을 발휘할 수 있도록 해 줄 수 있다.

인재는 과거형이 아니라 현재형과 미래형이다. 과거형은 고정적이지만 현재형과 미래형은 유동적이다. 일을 현재와 미래에 만들어 나갈 수 있도록 지지하고 협력해 주는 것, '경영'의 뜻이 바로 그것이다. 구성원들을 지지, 협력하는 것이 경영이고 그것은 인재를 육성하는 결과로 나타난다.

역량을 극대화하기 위하여

우리말에서 '인재'와 '역량'은 굉장히 다른 단어이지만 영어에서는 어근이 동일하다. 영어로 인재는 '컴피턴트(competent)'이며, 역량은 '컴피턴스(competence)'다. 그래서 인재를 말할 때 역량에 대해 말하는 것은 당연한 일이다. 최근에 '인재 경영'을 중요하게 언급하면서 인사 관리와 육성에 관심을 두는 것도 역량을 극대화하기 위함이다. 인재 경영을 고민하다 보면 결국 역량에 관심을 가질 수밖에 없다.

역량은 특히 『옥스퍼드 영어사전』을 보면 열 가지로 정리되어 있다. 비슷한 성질의 것들을 묶어 보면 다음과 같이 다섯 가지로 이해할 수 있다.

① 성공적이고 효과적으로 수행하는 능력
② 특정 사안을 다루는 권한
③ 무의식적인 언어 구사 능력
④ 약효
⑤ 적은 교육 기회에 비해 상대적인 고수익

리더십과 관련해서 연관성이 깊은 ①번과 ②번을 구체적으로 다루어 보자. 첫째, 역량은 "성공적이고 효과적으로 수행하는 능력"이다. 어떤 사람에게 임무가 맡겨졌는데 그가 끈기가 부족하다면 잠시 동안 능력을 보여 줄 수는 있어도 끝까지 그 임무를 완수할 수는 없다.

마치 책을 읽을 때 앞부분만 열심히 읽고 뒷부분은 대충 읽는 것처럼, 주어진 업무에 있어서도 시작할 때만 두각을 나타내는 경우가 있다. 끝까지 계획한 대로 일을 해내는 능력이 필요하다. 이것이 바로 '수행' 능력이다. 맡겨진 일에 대해 앞에서만 반짝한다면 그 사람은 역량이 없는 것이다. 끝까지 성공적으로,

효과적으로 수행하는 능력이 곧 역량이다.

둘째, 역량은 '특정 사안을 다루는 권한'이다. 권한은 '권리나 권력의 범위'를 말한다. 이것은 '권한 위임'을 통해 갖게 되는 역량이다. 권한이 위임되어서 특정 사안을 다룰 수 있을 때 비로소 역량이 있다고 할 수 있다.

특정 사안이란 누구나 하던 일도 아니며 또한 누구나 할 수 있는 일도 아니다. 회사가 갑자기 직면한 특별한 일이 있다면 누군가 권한을 위임받아 처리해야 한다. 권한 위임을 받고서도 특정 사항을 다루지 못한다면 역량이 없는 사람이다. 결국 그 사안을 다루도록 권한을 위임받은 사람이 컴피턴트, 즉 인재다. 이것을 위해서는 앞에서 말했던 대처 능력을 필요로 한다. 여기까지가 사전적 의미다.

일반적으로 역량은 공동체의 비전과 미션, 프로젝트, 성과에 적합한 행동 특성이다. 적합성이 있는 사람이 인재이며, 그 적합성에 이르는 행동이 역량이다. 역량은 상당히 안정적으로 발휘된다. 어떤 업무가 주어져 있을 때 이랬다저랬다 하지 않고 들쑥날쑥하지도 않는다. 그래서 역량 평가를 할 때는 행동 특성이 지속적으로 발휘되는지가 중요하다. 잠시 반짝하는 일회적이거나 우연한 행동이 아니라 지속적으로 발휘되는 능력이어야 한다. 이것은 곧 무의식적인 차원에서 어떠한 일을 끝까지 수행할 수 있는 능력과 관련된다.

　보통 능력이라고 하면 과거의 스펙을 통해 평가받는데, 역량은 지금 만들어 가는 것이기 때문에 그 과정, 절차, 성과에 대한 스토리가 있기 마련이다. 역량은 성과로 그치지 않고 진정성을 갖고 계속 진행하는 힘이다. 스펙에서 스토리로 가는 것이 능력 차원이라면, 스토리에서 진정성으로 가는 것은 역량 차원이다. 능력은 스펙과 스토리를 갖고 있는 반면, 스토리와 진정성을 둘 다 갖춘 것이 역량이다.

　지금까지 마케팅에서는 많은 스토리를 만들어 왔다. 어떤 과정을 거쳐서 성과를 냈는지에 대한 성공 신화가 주류였다. 한때는 스펙을 강조하다가 어느덧 '감동을 많이 줘야' 한다는 스토리 마케팅이 한참 유행했다. 그런데 지금은 또 그렇지 않다. 스토리만으로는 안 된다. 그 스토리에 진정성이 있어야 한다.

　예를 들어 한 기업이 환경 문제에 관심을 두고 재활용 소재를 사용한다고 할 때, 이제 많은 고객들은 정말 저 회사가 환경 문제에 관심을 두는 것인지 아니면 그것이 홍보를 위한 일회성 전략인지 저울질한다. 즉 진정성을 보는 것이다.

　고객들이 스펙에서 스토리로 초점을 옮겨 가기 시작했을 때는 주로 성과를 봤다면, 이제는 기업의 역량과 진정성을 본다. 업무를 수행하기에 필요한 기본 자격증을 아무리 많이 가지고 있다 해도 어떤 프로젝트가 주어졌을 때 성과를 제대로 만들어 내지 못한다면, 과거에는 능력이 있었을지 모르지만 역량은 없는 사람이다. 흔히 '능력은 있으나 역량이 부족하다.'라고 말하는 것이 바로 이를 의미한다. 과거 경력이 아무리 화려해도 지금 주어진 업무를 수행하지 못한다면, 역량 발휘가 안 되는 것으로 볼 수밖에 없다.

그래서 리더에게 진정 필요한 것은 인재를 발탁할 때 그의 역량을 판단할 수 있는 '안목'이다. 또한 그런 직원들을 인재로 육성한다면 저마다 보람 있는 직장 생활에 대한 동경이 생길 것이다. 직장인들이 자기 일터에 대하여 '이 회사에 있으면 내가 성장할 수 있을까?'라고 물을 때, 이 안목은 긍정적으로 대답할 수 있는 근거가 될 것이다.

1   "인재는 아직 드러나지 않았어도 잠재성과 가능성을 가진 상태를
     포함한다. 대처 능력은 아직 겪어 보지 않은 일에 대하여 알맞은
     조치를 취하는 것으로, 인재 요건에서 가장 중요한 자질이다. 역
     량은 끝까지 해내는 '수행' 능력이자 '특정 사안을 다루는 권한'이
     다. 권한 위임을 받고도 특정 사안을 다루지 못한다면 역량이 없
     는 것이다."

        역량을 갖춘 사람은 이랬다저랬다 하지 않고 필요한 자질을 지
     속적으로 발휘한다. 과거 스펙이나 현재 능력에 만족하지 말고 역량을 길러
     야 한다. 나에게는 어떤 역량이 있으며 또 훈련해야 하는 역량은 무엇인지
     생각해 보자.

2   "능력은 스펙과 스토리를 갖고 있는 반면, 스토리와 진정성을 둘
     다 갖춘 것이 역량이다. 고객들이 스펙에서 스토리에 초점을 두기
     시작했을 때는 성과를 주로 봤다면, 이제는 기업의 역량과 진정성
     을 본다. 역량 평가를 할 때는 행동 특성이 지속적으로 발휘되는
     지가 중요하다."

        나의 스펙과 스토리는 무엇인지 점검해 보고, 역량을 기르기 위
     해 내가 일하는 분야에서 어떤 진정성을 갖춰야 하는지 분석해 보자.

3   "리더에게 진정 필요한 것은 인재를 발탁할 때 그의 역량을 판단
     할 수 있는 '안목'이다."

        내가 리더로 있는 곳에서는 구성원들에게 어떤 잠재력과 가능
     성이 있는지 점검해 보자.

16 '인재 경영'이란 무엇인가?

17

결국 인재 육성이
목표다

성과

권한 위임

평가

"성과는 수치로 환산되는 실적과는
다른 개념으로, 이상과 현실을
모두 고려해야 하는 업무 목표다."

성과(퍼포먼스)

'성과'를 뜻하는 영어 '퍼포먼스(performance)'는 철학 개념과 깊은 관련이 있다. 단어 중간의 'form'이 아리스토텔레스가 말했던 '형상과 질료' 중 '형상'을 말하기 때문이다. 간단히 말하자면 형상은 생각할 수 있는 가장 완전한 상태인 이상(理想)이며, 질료는 그 이상을 실현하기 위한 재료로 이해할 수 있다.

하지만 어떤 사태의 형상과 질료는 따로 분리되기보다는, 관점에 따라 이상적인 측면으로도 또는 물질적인 측면으로도 드러난다. 그래서 '퍼포먼스'도 이상화와 현실화를 모두 함축한다.

'per'는 라틴어에서 '통하여' 또는 '완전히'를 뜻한다. 'per'를 'form'에 걸어 주면 '이상을 통하여 무엇을 완전히 이루어 냄', 즉 이상을 통하여 이루어 낸 현실화를 말하고, 현실(의 무엇)에 걸어 주면 '무엇을 통하여 이상을 완전히 이루어 냄', 즉 현실을 통하여 이루어 낸 이상화를 말하는 것이 된다. 그러니까 성과는 이상화이자 한편으로는 현실화다.

직장 생활에서 우리는 업무를 통해 이상을 실현하는데, 여기서 이상은 목적이 된다. 목적을 이룬 상태가 곧 성과인 것이다. 또한 이상을 품고 그 이상을 통해 업무를 수행한 상태도 성과다.

업무 수행을 통해 이상을 이루는 상태나 이상을 통해 업무를 수행하는 것 모두를 성과라고 볼 수 있다.

그런데 여기서 한 가지 주의할 것은 '실적(result)'을 성과로 오인하거나 실적에 비해 성과를 등한시하는 경우가 많다는 점이다. 보통 업무 수행 능력이나 실적만을 성과로 인정하는데 실적과 성과는 어떤 차이가 있을까? 실적은 수행한 업무의 결과로 투입 자원과 그 결과물을 정량화한다. 결국 '이상'을 염두에 두지 않고 투입된 자원 대비 업무의 결과만 보고 수치화할 따름이다.

반면에 성과는 목표한 것을 이루어 가면서 그 목표대로 결과물이 나오는지가 평가된다. 실적은 투입 대비 결과를 더 크게 기대하는 개념이다. 만약 투입된 자원은 얼마 되지 않지만 좋은 결과가 나오기를 바란다면, 여기서 우리는 우연을 통한 실적을 기대하는 것이다. 따라서 이 경우에는 이상이나 목적을 등한시하기 쉽다. 애초에 전혀 생각지도 않은 결과가 나왔다면, 그것은 성과가 아니다. 성과는 이상과 현실 둘 다를 이루는 것이다. 현실화와 이상, 또는 업무 수행과 목적을 둘 다 이룬 상태, 다른 말로 하면 목적과 업무 수행을 둘 다 유념하는 것이 성과다.

만약 어떤 과목에서 B학점을 받고 성과를 분석한다면 다른 과목들의 성적과 이 학점을 비교하여 과연 자신이 이루고자 했던 목적을 성취한 것인지를 살펴야 한다. 하지만 그동안 이 과

목의 공부를 몇 시간 했고 출석을 어느 정도 했는지, 리포트에 얼마나 공을 들였는지 살핀다면 실적을 따지는 것이다. 투입 자원과 그 결과를 비교해서 학점을 살피는 것은 실적에 해당한다. 반면 성과는 결과물과 함께 이 공부를 통해서 이루려던 목적이 무엇인가에 초점을 맞추게 된다.

권한 위임(임파워먼트)

최근 인재 경영에서 '권한 위임(empowerment)'이라는 개념을 중요하게 다루고 있다. 과거에는 리더들이 회사 전체 권력을 움켜쥐고 권한을 주지 않는 편이었으나, 이러한 방식으로는 공동체 전체가 성장하는 데 한계가 있었다. 한 명의 결정자가 모든 것을 결정하는 대신 권한 위임을 통해 조직 여기저기에서 다양한 권한을 행사하는 방향으로 나가는 추세다. 탁월한 역량을 발휘할 수 있는 인재들이 있으면 그만큼 권한 위임이 수월하게 진행된다.

권한 위임을 나타내는 영어 '임파워먼트(empowerment)'에서 '임(em)'은 '안으로'라는 의미다. '파워'는 힘이라는 뜻이니까, '안으로 힘주기' 정도의 뜻이 될 것이다. 『옥스퍼드 영어사전』에서는 '임파워(empower)'를 "give (someone) the authority or power to do something"이라고 정의했는데, 여기서는 '파워'를 '권위'로도 본다.

　한 조직에서 권위를 가진 사람은 일반적으로 리더다. 권위, 즉 'authority'의 뿌리어는 라틴어 '아욱토리타스(auctoritas)'로 이는 '작가' 또는 '만든 자'인 '아욱토르(auctor)'에서 왔다. 앞 장에서 구성원은 주인 의식을 갖는다고 했다. 주인 의식은 본인이 직접 만들고 수행할 때 비로소 생긴다. 구성원이 주인 의식을 갖는다는 것 자체가 결국 권위를 가질 수 있다는 의미다. 이제 구성원 중에서 어느 한 분야를 직접 수행할 자격을 갖춘 사람에게 권위를 위임하는 문제가 야기된다.

　'권한 위임'이란 구성원들이 전략을 실행할 때 그 구체적 방법을 선택할 수 있도록 권한을 주는 것이다. 자세히 말하자면, 어떤 전략을 수행 또는 실행할 때 그 방법을 선택할 수 있게 해주는 것이다. '저는 이런 방법으로 성과를 이루겠습니다. 이러저러한 전략을 짜겠습니다.' '아! 그렇습니까? 좋습니다. 그 방법대로 하십시오.' '네, 회장님, 이 일을 하기 위해서는 인원과 재정이 이만큼 필요합니다. 이 임무를 위해서는 이 정도의 공간이 필요합니다.' 이런 식으로 적임자는 전략을 짜고 권한을 위임받을 뿐만 아니라 그에 따른 책임까지 지게 된다. 성과에 따른 책임을 져야 하기 때문에 방법을 절대 함부로 선택해서는 안 되며 수행에 가장 효율적인 방법을 찾게 된다. 그래서 권한을 위임받은 자는 신중을 기할 수밖에 없다.

그런데 적임자가 위임받은 권한은 전략을 실행하기 위한 방법을 능동적으로 선택할 수 있는 힘이다. 즉 실행 방법에 대한 의사 결정 권한이다. 이것을 주의하지 않는 사람은 위임된 권한을 초과해서 행동할 수도 있다. 초과 권한은 다른 사람의 역할을 빼앗는 일이다. 조직 안에는 서로의 역할이 있기 때문에 다른 역할을 건드리지 않도록 해야 한다. 수행할 프로젝트를 효율적으로 실행하여 성공적 결과를 얻기 위해 어떤 방법을 선택할지에 대한 권한만 갖는 것이다. 이 점을 절대 혼동해서는 안 된다.

권한 위임과 대조되는 개념으로 지시 통제가 있다. 지시 통제란 리더가 업무를 지시하면서 실행 과정과 방법까지도 세세하게 통제하고 감시하는 것이다. 이것은 권한을 위임한 것이 아니라 자신이 할 일을 그냥 시킨 것과 다름없다.

과거 산업사회에서는 기업 환경이 생산을 중심으로 유지되면서 경영자들은 자신들이 쌓아 온 경험만을 토대로 지시 통제를 했다. 그때는 권한 위임을 하지 않고도 결재와 품의 제도 또는 위임 전결 규정과 같은 직위, 직책 중심의 통제 시스템만으로도 충분했다. 구성원들은 단지 상사가 시키는 일을 실수 없이 해

내면 그만이었다.

하지만 지금은 제조업만으로 이루어진 조직만 있는 것이 아니다. 한 사람이 모든 상황을 다 경험한다는 것은 불가능하다. 소수의 경영진이 모든 것을 통제하고 간섭하고 싶어 해도 그럴 수 없는 시장 환경에 직면해 있다.

지시 통제만 있는 시스템은 대처가 늦어서 유연성을 잃게 된다. 시시각각으로 변하는 상황에 대처해 나가기 위해서는 반드시 창의성이 필요하다. 그렇기 때문에 혁신성을 지닌 구성원에 대한 권한 위임이 굉장히 중요하다. 제조업이 대다수였던 과거에는 지시 통제 시스템의 중요성이 우세했지만, 현대 사회에서는 권한 위임이 절실해졌다.

자질 평가와 직무 평가

이제 평가(evaluation)에 대해 살펴보자. 우선 평가와 관련하여 혼동하기 쉬운 의미가 있다. 바로 평정(rating), 고과(appraisal)다. 평정은 평가와 비슷한 말 같지만 분명한 차이가 있다. 평정은 구성원들을 평가하여 상호 비교한 후에 서열을 정하는 방법으로, 과거 그 평가 항목은 직원의 '태도'나 '성격', '성향' 등이었다.

이런 방식으로 평가받는 사람들은 불만을 품게 된다. 일하는 데 태도, 성격, 성향이 뭐 그리 중요하냐고 물을 수도 있다. 하지만 평정도 어느 시점에서는 필요할 때가 있다. 습관적으로 태도가 잘못된 경우 일부러라도 바른 태도가 어느 정도 몸에 배도록 하기 위해서다. 신입사원들의 자세는 평정으로 인해 일부 교정될 수 있는 것으로 본다.

다음으로 고과는 구성원들이 보유하고 있는 능력에 따라 우열을 가리는 것이다. 그런데 우열을 가리는 능력이라는 것이 전부 과거와 관련된 경력이다. 학력, 자격증, 어학 증명서 등이 진급 고과에 반영된다. 심지어 진급 심사를 앞둔 1년 사이에 자격증을 취득했는지 또는 학위를 취득했는지가 고과에 들어가게 된다.

이 점에서 평가는 고과와는 현격히 다르다. 평가는 성과 목표 달성과 역량 개발을 위한 통합적 관리가 그 목적이다. 성과 목표에 대해 자신이 그것을 달성했는지, 그다음에 그를 통해서 자신이 역량을 개발할 수 있는지, 통합적 관리가 되도록 하는 것이다. 따라서 평가에서는 평가 자체로 불이익을 당하지 않도록 하는 것이 중요하다.

평가의 대표적인 예가 코칭이다. 운동선수의 경우를 생각해 보자. 100미터는 몇 초에 주파했는지, 점프력은 어느 정도 되는지, 그다음에 또 그에 따라 어떻게 식단 조절을 해야 하는지, 이런 것을 리스트로 만들어서 선수를 관리해 주어야 한다. 이와 같이 평가는 성과 목표 달성과 역량 개발을 위해서 대상을 체크하는 것이다. 평가는 결국 인재 육성을 목표로 한다.

평가에는 구체적으로 자질 평가와 직무 평가가 있다. 자질 평가에는 앞에서 말한 고과 또는 평정이 어느 정도 들어갈 수 있다. 하지만 자질 평가만으로 끝내서는 안 된다. 더 중요한 것이 직무 수행 평가인데, 이는 다시 성과 평가와 역량 평가로 나뉜다.

성과 평가는 평가 대상이 목표한 것을 현실적으로 얼마나 끌어내느냐, 업무 수행을 할 수 있느냐 등을 살피는 것이다. 역량 평가란 아직 드러나지 않았지만 어떤 현안이 주어졌을 때 그것에 대한 대처 능력이 어떻게 나타날 수 있느냐를 평가한다.

평가는 방법에 따라서 기록 경쟁 방식의 절대평가와 순위 경쟁 방식의 상대평가로 나눌 수 있다. 요즘은 절대평가 방식을 좀 더 선호하는 추세다. 절대평가 후에 그것을 자기 통계로 나타내면서 부족한 점을 좀 더 보완할 수 있도록 하고 있다. 이 밖에 다면평가 등이 있는데, 구체적인 상황에 따라 어떤 평가 방식이 더 효율적인지 판단해야 한다. 평가라는 것은 자질과 역량을 향상시키고 성장을 자극하는 것이다.

성과는 이상과 현실을 모두 포함한 의미를 지닌다. 그러니까 업무의 목적과 수행을 모두 고려해야 한다. 권한 위임은 특정 업무 수행을 위해서 실행 절차에 필요한 방법을 선택하도록 하고 그것에 대한 책임을 지도록 하는 것이다. 위임받는 사람의 입장에서는 적임자로 인정받을 기회이며, 경영자의 입장에서는 그런 구성원을 지지할 수 있는 마음의 자세가 필요한 절차다.

평가는 자질과 역량을 향상시키기 위한 자극제가 되어야 한다.

1   "현실화와 이상, 또는 업무 수행과 목적을 둘 다 이룬 상태, 즉 목
     적과 업무 수행을 둘 다 유념하는 것이 성과다. 성과(퍼포먼스)는
     이상을 이루는 것인데, 직장 생활에서 이상은 목적을 말한다. 만
     약 투입된 자원은 얼마 되지 않지만 좋은 결과가 나오기를 바란다
     면 여기서 우리는 실적을 기대하는 것이다."

     **직장에서 나의 이상은 무엇인가? 최근에 나는 목표한 바를 어
     느 정도 이루었는지 스스로 평가해 보자.**

2   "권한 위임이란 구성원들이 전략을 실행할 때 그 구체적 방법을
     선택할 수 있도록 권한을 주는 것이다. 유연한 권한 위임 방식과
     지시 통제 체계가 적절하게 공존해야 한다."

     **시시각각으로 변하는 상황에 대처해 나가기 위해서는 반드시
     창의성이 필요하다. 그래서 어느 정도 구성원에 대한 권한 위임이 필요하다.
     내가 속한 조직에서는 어떤 권한 위임이 이뤄지고 있는지 이야기해 보자.**

3   "평가는 성과 목표 달성과 역량 개발을 위한 통합적 관리가 그 목
     적이다."

     **평가에는 구체적으로 자질 평가와 직무 평가가 있는데, 특히 직
     무 평가는 성과 평가와 역량 평가로 이뤄진다. 나 자신에 대해 스스로 직무
     평가를 해 보자. 평가는 자질과 역량을 향상시키기 위한 자극제로서 결국 인
     재 육성을 목표로 한다.**

18

팀제 운영에서 고려할 사항들

애자일

문제 해결

팀워크

트렌드에 민감한 기업은 석 달마다
고객의 니즈를 분석할 필요가 있으며,
팀은 3개월 안에 성과를
낼 수 있어야 한다.

우리나라에서 팀제(team system)가 본격적으로 이야기된 것은 1980년대 후반이었다. 팀제는 개인이 업무를 담당하지 않고 팀별로 담당하는 시스템이다. 팀에 대한 정의는 매우 다양하지만, 팀제는 보통 권한 위임이 팀별로 주어지되 팀장에게 권한을 주고 그가 팀을 구성할 수 있도록 하는 것이다. 이때 권한을 위임받은 팀장이 어느 정도 팀 구성원에 대한 밑그림을 그리고 최종적으로 경영자에게 승인받는 형태를 취하기도 한다.

팀제와 애자일

우선 '팀'이라는 말은 라틴어 '둑툼(ductum)'에서 왔다. '늘여 나감', '연속', '뻗어 나감', '수레를 끌고 가는 한 떼의 짐승' 등을 뜻하는데, 동사 '두코(duco)'는 '끌고 가다' 또는 '어디로 뻗어 있다'를 뜻한다. 결국 '팀'이라는 것은 뭔가가 늘어지고 연속된 것, 또는 뻗어 나가는 것을 어원으로 하고 있다. 어떤 특별한 일의 수행을 위해 늘어서 있는 수레를 연상하면 되겠다.

권한이 위임된 팀은 성과 목표에 의한 자율 책임을 갖되, 구성원들이 역할을 가지며 자기 완결형 메커니즘을 띠게 된다. 그러면 권한 위임을 팀제로 하는 이유는 무엇일까? 바로 팀 안에서 자율적 운영 내지 경영을 하면서 그 업무를 완결하기 때문이다.

분명한 비교를 위해서 팀이 자율 책임 경영을 해야 하는 경우와 그렇지 않은 경우를 살펴보자. 먼저 부과제(hierarchical system) 시스템에는 '담당-계-과-부'와 같은 상하 위계 조직이 있다. 해야 할 업무는 팀 전체가 구성하기보다는 위에서 지정하는 대로 부과된다. 이런 위계 조직은 1980년대 초반까지 제조업 분야에서 업무 수행 과정의 효율성 때문에 주를 이루었다.

하지만 부과제에는 생산 환경이나 사회 환경이 바뀌는 것에 빠르고 유연하게 적응할 수 없다는 약점이 있다. 1980년대 이후 경영 환경이 급속도로 바뀌게 됨에 따라 기존 시스템으로는 트렌드에 따른 성과를 창출하기에 역부족이었다. 그래서 트렌드 변화의 주기가 상당히 빨라진 현대에 들어 당연히 이런 시대 흐름에 부과제는 성과의 효율을 떨어뜨린다는 점이 알려지면서 점차 팀제로 바뀌게 되었다.

트렌드에 민감한 기업일수록 팀제가 중요하다는 사실을 깨달았다. 트렌드에 따른 유연함과 대처 능력이 절실했기 때문에 팀제에 대한 요구가 생긴 것이다. 트렌드는 짧게는 3개월에서 길어야 6개월마다 바뀌는데, 맡겨진 프로젝트 작업을 하느라 3개월 이상 소요하면 결국 유행이 다 지난 상품을 론칭하게 된다.

그래서 팀은 3개월을 넘지 않는 빠른 기간에 성과를 낼 수 있어야 한다. 트렌드를 안다는 것은 고객의 니즈를 안다는 것이다. 보통 1년을 네 번 나눠서 3개월마다 고객의 니즈를 분석할 필요가 있다.

최근에 우리나라에는 팀제에 유연하게 접근하는 방식인 '애자일(agile)'이 많이 소개되고 있다. '애자일'이란 급변하는 것에 계속 민첩하고 기민하게 대응한다는 의미다. 개발 기획자나 테스트 담당자 또는 배포 담당자를 모두 포함시켜 팀 운영을 하는 것이 애자일의 핵심이다. 빠른 시제품을 출시하고 고객과 시장의 피드백을 반영해서 수정하고 보완해 가는 유연한 방법론이다.

기업은 애자일 조직을 구성해서 고객의 트렌드에 더 집중하고 고객의 반응에 민첩하게 대응할 수 있게 된다. 애자일이 팀제임을 알 수 있다. 결국 팀제에 대한 강조가 일어날 수밖에 없다. 그러므로 지금은 빠르게 바뀌는 트렌드의 변화 속에서 기존의 부과제보다는 팀제로 운영하는 방향으로 나아가야 한다.

문제 해결

권한을 위임받아 구성된 팀에는 솔루션이 요청된다. 팀은 본질적으로 솔루션, 즉 문제 해결을 통해 성과를 창출하기 위한 조직이기 때문이다. 여기서 우리는 성과 창출이 문제 해결(problem solution)에 다름 아니라는 것을 알 수 있다.

이제 한번 생각해 보자. 트렌드가 바뀐 상황에서 해결해야 할 어떤 문제가 팀에 부과되었다면, 이 팀은 그 문제를 해결하여 성과를 내야 한다. 앞에서도 말했듯이, '성과'는 비전과 현실화라는 두 가지 측면을 모두 이루어야 하므로 문제 해결 또한 그 두 가지를 모두 고려해서 결정해야 한다.

영어 솔루션은 라틴어로 '솔루티오(solutio)'다. 라틴어 동사 '솔베레(solvere)'는 '풀다', '해결하다'라는 뜻이다. 해결이라는 것은 한 올 한 올 푸는 것에 비유할 수 있다. 문제 해결이 안 되는 경우는 그 기본 절차들을 숙지하지 못한 데에 원인이 있기 마련이다. 문제 해결을 위해서는 절차부터 점검해야 한다. 그렇다면 어떤 절차가 필요할까?

의외로 아주 간단하다. 언어 습관상 우리는 '해결'이라는 말 앞에 '문제'라는 말을 자연스럽게 넣는다. 영어에서도 '프라블럼-솔루션'이라고 하는 것을 보면 우리나라와 마찬가지다. 그렇다면 솔루션으로만 두지 않고 프라블럼이라는 말을 꼭 앞에 두는 이유는 무엇일까? 해결이라는 것은 애당초 문제가 있다는 것을 전제하기 때문이다.

솔루션 앞에 프라블럼이 있다는 점만 기억해도, 해결을 위해서는 문제(제기)라는 절차가 있다는 사실에 유념하게 된다. '프라블럼-솔루션'은 이미 철학에서 고대부터 중요하게 다뤄졌으며 수사학에서도 기본 가르침이었다. 그 요지는, 프라블럼은 반드시 정의(definition)가 먼저 제시되고 난 다음에 제기된다는 점이다.

정의는 문장으로 되어 있는데 명제 형식을 지닌다. 명제를 영어로 '프로포지션(proposition)'이라 하는데, 이는 라틴어 '프로포네레(proponere)', 즉 '앞에 놓다'에서 왔다. 절차상 정의가 먼저 제시된 후에 문제를 던져 놓는다. 이것이 바로 '프라블럼'이다.

'프라블럼'은 고대 그리스어 '프로블레마(πρόβλημα)', 즉 '앞에 던져짐'이라는 뜻에서 왔다. 앞에 놓인 것이 있고 그다음에 비로소 문제 해결이 있는 것이다. 그러니까 앞에 놓인 것이 있을 때, 그 앞에 던지는 것이 문제 제기인 셈이다. 솔루션은 그 뒤를 따른다.

따라서 정의가 먼저 제시되면 그 앞에 '프라블럼'이 던져지고, 그다음에 솔루션이 있다. 예를 들어 '인간은 두 발을 가진 동물이다.'라고 정의해 보자. 그러면 이 정의에 대해서 그 앞에 무언가를 던져 놓는 것이다. 인간을 정의한 이 문장에 예외가 있다는 예시를 던지는 것이다.

디오게네스와 닭

플라톤이 인간을 이족 보행 동물이라고 정의하자, 디오게네스가 그 강의실에 닭을 던져 놓았다고 한다. 그러면 닭도 인간에 포함된다는 말이냐고 문제를 제기한 것이다. 이렇듯 절차상으로 정의가 먼저 있은 다음에야 문제제기를 할 수가 있다. 그래서 어떤 정의도 제시하지 않은 채 질문하라고 하는 것은 잘못된 말이 된다.

고대 철학자들의 에피소드를 보자. 플라톤이 인간을 이족 보행 동물이라고 정의하자, 디오게네스가 그 강의실에 닭을 던져 놓았다고 한다. '인간은 이족 보행 동물이다.'라는 정의가 내려지자, '그러면 닭도 인간에 포함된다는 말인가?'라는 문제를 제기한 것이다. 이렇듯 절차상으로 정의가 먼저 있은 다음에야 문제 제기를 할 수가 있다. 그래서 어떤 정의도 제시하지 않은 채 질문하라고 하는 것은 잘못된 말이 된다.

문제 제기는 인간에 대한 정의를 다시 하도록 만든다. 이렇게 해서 만들어진 새로운 정의로 로고스가 바뀌게 된다. 문제 제기에 어떤 정의가 견뎌 내게 될 때 비로소 그 정의를 이론, 라틴어로 '테시스(thesis)'라고 한다. 고대 학문 세계에서는 이런 절차가 상당히 중요했다. 이런 절차로 수사학을 공부했고 대화를 했으며 토론을 했던 것이다.

정의와 문제 제기에 대해 보다 쉬운 예로 야구를 생각할 수 있다. 투수가 던진 공이 스트라이크인지를 판정하기 위해서는 먼저 스트라이크존이 있어야 한다. 여기서 스트라이크존이 스트라이크를 규정하는 정의에 해당한다. 정의는 늘 그 범위와 한계를 정한다.

그런데 스트라이크존이 있음에도 심판이 스트라이크라고 한 정의에 대해서 문제 제기가 있을 수 있다. 야구경기에서는 마름모 칸을 경계로 스트라이크를 판정해야 하는데 그러지 않으면 문제 제기가 있기 마련이다. 정의가 먼저 있고 거기에 문제 제기를 하고 그 후에야 솔루션이 있게 된다.

자신이 달성하고자 하는 목표와 현실의 격차를 해결하기 위해 발생 가능한 다양한 문제를 인식하고, 이를 해결할 수 있는 새로운 정의를 제시하고, 그 대안을 수행하는 것이 팀제의 문제 해결이다. 다양한 상황과 트렌드 변화 속에서 시장의 변화가 가속화되고 있는 오늘, 이런 현실에 대처하지 못하는 경우도 상당히 많다. 분명 목표가 있지만 트렌드가 바뀌고 있는 상황에서 이것을 어떻게 해결해 나갈 수 있을까? 여기에 대해서 이제 대안을 만들어 내는 것이다.

팀워크

팀워크는 '공동 작업'으로 번역할 수 있는데, 공동의 목표를 달성하기 위해 구성원 간에 협력하는 상호 작용을 말한다. 그러니까 팀워크가 있을 때는 공동의 목표가 있어야 하고, 그 목표를 위한 상호 작용이 있어야 한다. 하지만 공동의 목표는 있는데 상호 작용이 없다면 팀워크가 아니고 개인적 업무에 지나지 않을 것이다.

팀에 공동의 목표가 있다면 개인의 이익을 접어 두고 공동의 목표를 위해 팀원 간에 협력해야 한다. 상호 역할을 결정하기 전까지는 개인의 의견을 강력하게 주장할 수 있지만, 일단 결정되고 나서도 계속 불평하는 행위는 팀워크에 해가 된다. 자신의 의견을 드러내고 합리적 절차를 통해서 뭔가가 결정된 이상, 결정된 의견을 자기 의견으로 생각해서 그것에 대한 책임을 지는 자세가 중요하다. 그 결정에 자신도 참여한 것이기 때문이다.

또한 팀워크는 늘 성과를 숙지해야 하며 이를 위해서 팀원은 자신에게 주어진 성과에 대한 실행의 정확성과 책임감이 있어야 한다. 그래서 공동 작업을 하려면 팀원들 각자에게 목표한 바를 어떻게 실행에 옮기느냐에 대한 정확한 인식이 있어야 한다. 일에 있어서 내가 어떤 역할을 해야 하는지를 정확히 알고 수행할 수 있어야 하는 것이다.

그렇게 할 때 그 일에 대한 책임감이 따르게 된다. 자신이 일을 진행했는데 혹시라도 잘 이루어지지 않았다면, 그에 대한 책임을 스스로에게 직접 물을 수 있어야 한다. 실행의 정확성은 각자 어떤 일을 했는지를 정확히 알 수 있게 하므로 책임에 대한 명확한 구분을 가능하게 한다.

실행의 정확성 때문에 팀원은 각자 자신의 임무와 역할을

18 팀제 운영에서 고려할 사항들

알아야 한다. 큰 비전 안에서 자신이 어떤 임무를 하고 어떤 역할을 해야 할지 모른다면 팀장이 할 일을 팀원이 할 수도 있고 팀원이 할 일을 팀장이 할 수도 있게 되면서 업무의 효율이 떨어진다.

임무와 역할을 정확하게 규정하고 인지하고 있어야만 어떠한 일이 발생했을 때 누구한테 그 책임이 있는지를 즉시 파악하고 책임을 완수할 수 있게 된다. 성과를 극대화하고 그 정확한 수행과 책임을 위해 팀을 운영하는 것이 무엇보다 중요하겠다.

1   "기업은 애자일 조직을 구성해서 고객의 반응에 민첩하게 대응할
    수 있게 된다. 개발 기획자나 테스트 담당자 또는 배포 담당자를
    모두 포함시켜 팀 운영을 하는 것이 '애자일'의 핵심이다."

    권한을 위임받아 구성된 팀에는 솔루션이 요청된다. 문제 해결
    을 통해 성과를 창출하는 것이 팀의 목표다. 내가 속한 팀은 어떤 권한을 위
    임받아 어떤 문제를 해결하고 있으며, 그 성과는 무엇인지 이야기해 보자.

2   "자신이 달성하고자 하는 목표와 현실의 격차를 해결하기 위해 발
    생 가능한 다양한 문제를 인식하고 이를 해결할 수 있는 새로운
    정의를 제시하고 그 대안을 수행하는 것이 팀제의 문제 해결이다.
    즉 문제 해결이란 앞에 던져진 정의에 문제를 제기함으로써 해결
    을 모색하는 것이다. 절차상으로 정의가 먼저 있은 다음에야 문제
    제기를 할 수 있다. 어떤 정의도 제시하지 않은 채 질문하라고 하
    는 것은 틀린 말이 된다."

    지금 나에게 또는 우리 팀에 부과된 과제(정의)는 무엇인가? 그
    과제에 문제가 없는지 점검하고 질문하는(문제 제기) 절차가 필요하다. 그
    렇게 해서 해결 방안은 무엇인지(솔루션) 찾아야 한다. 각각의 단계별로 나
    누어 점검해 보자.

3   "권한 위임을 팀제로 하는 이유는 팀 안에서 자율적 운영 내지 경
    영을 하면서 그 업무를 완결하기 때문이다. 팀워크는 공동의 목표
    를 달성하기 위해 구성원 간에 협력하는 상호 작용을 말한다."

팀의 공동 목표를 위해 상호 역할을 정하기까지는 적극 의견을 개진하되, 이미 결정된 사항에 대해서는 책임감을 가져야 한다. 팀원에게 역할을 부여할 때 상호 조율이 있었는지 살펴보자. 또한 현재 나는 내 역할에 불만이 있어도 책임을 다하고 있는지, 또 그러지 못하고 있다면 그 원인을 분석해 보자.

19

잠재력을
끌어올려라

코칭,
멘토링
비전 지향성

코치의 가장 중요한 역할은
목표를 설정해서 구성원들이 그것을
기준으로 삼도록 하는 것인데,
이것이 곧 '비전 지향성'이다.

원래 '코치(coach)'는 공식적인 중요 행사에 쓰인, 예전 규례에 따른 의식용 마차였다. 이후 영국에서는 철도 시대 이전까지 사용하던 역마차도 코치라 불렀다. 의식용이든 여행용이든 간에 멋진 마차는 모두 코치라고 불렀다.

그런데 1880년대부터는 코치라는 말이 스포츠 영역에서 등장했다. 선수를 지도하는 사람을 코치라 부르기 시작한 것이다. 이때부터 코치는 경기에서 선수로 직접 뛰지는 않지만 경기장을 지키면서 선수들에게 조언하는 사람을 일컫게 되었다. 오늘날 다양한 형태의 코치가 생겼다. 회사에서는 경영자도 코치이며 조직 내 각 팀 단위의 팀장 또한 코치라 할 수 있다.

스포츠 경기에서 선수 중에서도 코치 역할을 하는 경우가 있는데, 일례로 조정 경기를 들 수 있다. 물론 코치가 따로 있지만 이 선수는 다른 선수처럼 노를 젓는 대신에 확성기를 들고 맨 뒤에 앉아서 배의 나아갈 바를 알려 준다. 이 선수를 '콕스(cox)'라 하는데 일종의 코치 역할을 하는 것이다.

팀원이 구성되어 있다면 그 안에 팀장이 있기 마련이다. 여기서는 팀장이 자연스럽게 코치 역할을 한다. 팀장은 마치 조정 경기의 콕스처럼 팀 전체의 성과 수행을 위해서 팀이 똑바로 가고 있는지 그러지 못하는지 바로 볼 수 있어야 한다.

이때 코치에게 요구되는 능력은 선수들이 한순간 노 젓기

19 잠재력을 끌어올려라

하여 요트가 움직이는 동선을 볼 수 있는 능력, 즉 전체를 보는 안목이다. 마찬가지로 코치가 조직의 성과를 극대화하려면 구성원들에게 비전을 제시하고 동기를 부여하며 구체적인 분석과 평가를 거쳐서 피드백을 주어야 한다. 이 전체 과정을 코칭이라 한다.

코칭은 대상이 누구냐에 따라서 크게 두 가지로 구분된다. 조직의 성과를 극대화하는 '조직 성과 코칭'과 조직보다는 한 사람의 성장을 극대화하는 '인간적 코칭'이다. 각각을 '비즈니스 코칭'과 '라이프 코칭'이라고도 한다. '조직 성과 코칭'은 비즈니스와 관련된 코칭으로, '인간적 코칭'은 개인의 삶을 대상으로 한 코칭으로 볼 수 있기 때문이다. 여기서는 주로 '조직 성과 코칭' 또는 '비지니스 코칭'에 대해 다루겠다.

조직 성과 코칭

코치에게는 조직의 큰 그림을 보고 각각의 구성원들이 갖고 있는 잠재력을 끌어올리는 역할이 중요하다. 아직 드러나지 않았어도 구성원의 잠재력을 어떻게 조합할 수 있을지 볼 수 있다면 코치로서 훌륭한 자질이 있는 셈이다.

또한 코치는 구성원들이 갖춘 능력을 보는 것도 중요하지만 그들이 역량을 발휘할 수 있도록 자극할 줄도 알아야 한다. 사람들이 갖고 있는 잠재력을 끌어내 현실화하는 역량을 볼 수 있는 것이 코치에게 중요하기 때문이다. 코치는 구성원의 잠재력을 보고 조언함으로써 그들이 역량을 맘껏 발휘할 수 있도록 해야 한다. 그래서 "코칭은 구성원들로 하여금 역량을 발휘하게 만드는 도화선이다."라는 말까지 나왔다.

코치는 해결사가 아니라 조언자라는 점을 명심해야 한다. 코치가 모든 해답을 제시한다면 자칫 팀원들을 매사에 수동적이게 할 수 있다. 문제에 대한 답을 직접 알려 주기보다는 구성원이 능동적으로 해결 과정을 찾도록 해야 한다.

스포츠 코치도 이와 같다. 스포츠 코치는 자신이 직접 경기를 뛰지 않으면서도 선수가 직접 해결할 수 있는 기량을 키워 준다. 코치는 실제적으로 어떠한 일을 하기보다는 촉매 역할을 하는 것으로 충분하다. 만약 코치가 매사에 모든 문제를 직접 해결하다가 그 공동체를 떠나게 된다면 그 조직은 당면한 어려움을 더 이상 해결하지 못할 가능성이 크기 때문이다. 그런 점에서 업무 지시만 하는 리더는 코치로서의 자격이 부족하다 하겠다. 구성원들로 하여금 능동적으로 문제를 해결할 수 있도록 시간을 두고 역량을 높일 수 있도록 하는 것이야말로 코치의 덕목 중 하나다.

19 잠재력을 끌어올려라

팀 코칭 vs. 개인 코칭

'조직 성과 코칭'은 그 대상이 팀이냐 개인이냐에 따라서 팀 코칭과 개인 코칭으로 구분된다. 팀 코칭과 개인 코칭은 그 수행이 다를 수밖에 없다. 야구팀 전체 코칭과 투수 코칭은 같을 수 없고 축구팀 미드필드 코칭과 골키퍼 코칭도 같을 수 없는 것과 같은 이치다.

개인 코칭이 개인별로 성과 기준과 달성 전략을 설정하는 것이라면, 팀 코칭은 팀이 전반적으로 어떻게 해야 할지에 대한 전술을 짜는 것이다. 팀 코칭은 구성원과 함께 워크숍 등을 통해서 공통된 목표와 성과를 창출해 나간다. 반면에 개인 코칭은 성과 경영 프로세스에 따라 성과 기준과 달성 전략을 개인별로 설정해 주는 것이다.

팀 코칭과 개인 코칭이 구분되기는 하지만 사실 일과 삶이 그렇듯이 완전히 분리되기가 쉽지 않다. 왜냐하면 구성원들이 일과 삶을 코치와 같이 나누기 때문에 그 구분에 상당히 모호한 면이 있기 때문이다. 그래서 코칭을 할 때는 아예 딱 구분하기보다는 코치 선에서 두 가지를 좀 더 신중하게 조화하여 생각할 수 있어야 한다. 어떤 팀에 업무가 주어질 때도 팀 코칭이나 개인 코칭이냐에 따라 그 수행은 상당히 다른데, 팀장은 코치로서 이 두 가지 모두를 염두에 두어야 한다.

비즈니스와 라이프의 구분과 조화 문제는 아직 조직 문화에 덜 익숙한 신입사원의 경우에 더더욱 어렵다. 한 회사에서 기존 사원들을 향해 '누나, 형' 또는 '언니, 오빠'라고 호칭할 때처럼 이 문제는 단순하지만은 않다. 회사에 따라 그러한 호칭을 허용하는 곳도 있고 절대 불허하는 곳도 있다. 삶을 나눈다는 면에서는 괜찮다는 입장도 있지만 업무나 비즈니스적인 차원에서는 문제의 소지가 있다.

멘토링과 면담

코칭과 관련하여 '멘토링(mentoring)'을 살펴보자. 멘토링과 코칭은 별반 다르지 않지만 어원적으로는 상당히 다르게 출발했다. 멘토링은 고대에서 기원하는데 아버지를 대신한 스승이 아들에게 하듯 하는 종합 교육을 말한다.

멘토르(Mentor)는 원래 호메로스의 『오뒷세이아』에서 텔레마코스의 스승으로 나오는 인물이다. 오뒷세우스는 전쟁에 참여하기 위해 집을 비운 사이에 아들 텔레마코스를 친구 멘토르에게 훈육해 달라고 맡긴다. 그래서 멘토르가 텔레마코스를 가르치게 되는데 그가 했던 중요한 역할은 지식적인 차원에만 머무르기보다는 지식과 삶 전부를 아우르는 것이었다. 멘토르가 했던 일을 현대에 와서는 흔히 '멘토링'이라고 칭한다. 동양적인 '사부' 개념 역시 멘토링에 가깝다.

코칭을 위한 핵심 방법으로는 주로 면담이 활용된다. 코칭 면담에는 세 가지가 있는데, 전략 코칭, 실행 지원, 평가 피드백이 그것이다. 전략 코칭 면담은 성과 창출을 위한 방법이다. 비전을 현실화하기 위한 솔루션을 찾고 또 그것을 위한 전략을 코칭한다.

실행 지원 면담은 업무 실행의 장애 요인을 제거하여 부족한 부분을 채우도록 지원하기 위한 코칭이다. 평가 피드백 면담은 어떠한 일을 하고 나서 달성한 성과를 파악하는 코칭이다. 솔루션이 성과에 못 미칠 경우 역량 발휘가 안 된 것인지, 아니면 솔루션이 잘못된 것인지 등을 분석해 준다.

코칭은 평가와 피드백을 통해서 구성원의 자질과 역량이 향상되도록 자극해야 한다. 이런 점에서 '코칭'은 천편일률적이기보다는 어떤 문제가 발생하거나 프로젝트가 주어졌을 때 유연하게 문제를 해결할 수 있는 지도력이다. 코치는 각각의 상황에서 멀티플레이어인 것이다.

목표

목표에는 크게 성과 목표와 실행 목표가 있다. 구성원들이 어떤 목표를 정할 때 비전과 관련해서 설정한다면 성과 목표다. 앞에서 살펴보았듯 성과란 업무 수행 과정을 통해 비전에 초점을 맞추는 것이다. 반면에 실적 자체를 높이기 위해서 업무를 수행한다면 실행 목표가 된다.

두 가지 목표에 대한 이해를 돕기 위해서 예를 들어 보고자 한다. '사내 조직 활성화를 위해 어떻게 할 것인가?'라는 프로젝트가 주어졌다고 하자. 팀 미팅을 거친 결과 다음과 같은 안건들이 토의되었다.

이벤트 건수 2건, 활성화 수립 보고서 작성 3건, 활성화 회의 6회, 이직 인원 5명 감소, 하위 5개 부서 목표 달성률 높이기, 기존 VIP 고객 응대 횟수 10회, 기존 VIP 고객 홍보문 12건 발송, 기존 VIP 고객 재가입률 75% 달성하기.

여기 나열된 안건들은 성과 목표를 염두에 둔 것일까, 아니면 실행 목표를 고려한 것일까? 이 안건들이 향하는 목표는 대부분 실행 목표에 해당한다. 그렇다면 이 프로젝트의 성과 목표는 무엇인가? '조직 활성화'가 향하는 성과, 즉 비전을 생각해 보면 된다. 비전에 의하여 조직 활성화가 성장만을 목표할 수도 있고 사회봉사를 위할 수도 있다.

전반적으로 코칭에 있어서 가장 중요한 것은 목표를 설정하고 그 기준을 볼 수 있도록 해 주는 것이다. 그 목표로 향하는 것을 다른 말로 한다면 '비전 지향성'이다. 최근에 경영학 이론에서는 '지향성' 개념이 많이 등장하는데 원래 지향성이라는 말은 독일의 철학자 에드문트 후설이 주장한 개념이다.

존재하는 모든 것이 어떤 지향성을 지니는 것처럼, 기업이나 공동체가 비전을 지향하는 건 당연하다. 비전을 먼저 보고 그 비전을 향해 이끌어 가는 사람이 리더이고 코치다. 리더가 팀을 구성하고 어떤 현안에 대처할 때 반드시 비전 지향성이 유지되어야 할 것이다.

리더들이 하는 가장 중요한 일은 큰 그림, 즉 비전을 보고 팀이나 구성원들에게 조직의 청사진을 잊지 않게끔 하는 것이다. 이런 리더가 코치다. 경영인들도 조직 안에서 임원들 또는 팀장들을 이끌어 나가므로 그 안에서 코치가 된다.

팀제는 어떻게 보면 '수평적인 경영 자율체'라고 이름 붙일 수 있다. 기업 문화가 바뀌면서 명령 하달식 경영은 이제 통하지 않는 시대가 되었다. 급변하는 상황에 대한 정확한 진단과 정의가 있어야 거기에 문제 제기를 하고 그 이후에 해결의 절차를 밟아 솔루션을 얻게 된다. 이런 상황에서 코칭은 수행하는 업무가 비전과 관련이 있는지에 대한 큰 그림을 보여 주는 것이 중요하다.

1   "조직의 성과를 극대화하는 '조직 성과 코칭'을 '비즈니스 코칭'이
    라 하고, 한 사람의 성장을 극대화하는 '인간적 코칭'을 '라이프 코
    칭'이라고 한다."

    **내가 리더로 있는 조직이나 공동체 안에서 나는 비즈니스 코칭
    과 라이프 코칭을 균형 있게 해 나가고 있는지 점검해 보자. 내가 구성원으
    로 속한 조직이나 공동체에서 나는 어떤 코칭을 받고 있으며 그 효과가 어떠
    한지 생각해 보자.**

2   "코치는 경기에서 선수로 직접 뛰지는 않지만 경기장을 지키면서
    선수들에게 조언하는 사람이다. 코치는 해결사가 아니라 조언자
    라는 점을 명심해야 한다. 코치가 조직의 성과를 극대화하려면 구
    성원들에게 비전을 제시하고 동기를 부여하며 구체적인 분석과
    평가를 거쳐서 피드백을 주어야 한다."

    **코치가 모든 해답을 제시한다면 자칫 팀원들을 수동적으로 만
    들 수 있다. 코칭은 구성원들이 능동적으로 문제를 해결할 수 있도록 역량을
    높이는 방식으로 진행되어야 한다. 내가 코칭을 해 주거나 받는 입장에서 그
    코칭은 문제 해결을 지향하는지, 아니면 역량을 높이는 쪽을 더 지향하는지
    점검해 보고 한쪽으로 치우치지는 않았는지 살펴보자.**

3   "팀장은 마치 조정 경기의 콕스처럼 팀 전체의 성과 수행을 위해
    서 팀이 똑바로 가고 있는지 그러지 못하는지를 바로 볼 수 있어
    야 한다. 코칭에 있어서 가장 중요한 것은 목표를 설정하고 그 기

준을 볼 수 있도록 해 주는 것이다. 코칭은 구성원들로 하여금 역
량을 발휘하게 만드는 도화선이다."

리더는 무엇보다도 팀이나 구성원들에게 입체적 조감도를 잊지
않게끔 해야 한다. 나는 리더로서 구성원에게 비전 제시를 어떻게 하고 있는
지 이야기해 보자. 또는 나는 구성원으로서 조직이나 공동체의 비전을 잘 숙
지하고 있는지 이야기해 보자.

4   "평가 피드백 면담은 솔루션이 성과에 못 미칠 경우 역량 발휘가
안 된 것인지, 아니면 솔루션이 잘못된 것인지 등을 분석해 준다."

최근에 나의 프로젝트 또는 팀원의 작업에 대하여 평가해 보고
적정한 솔루션으로 일한 것인지 점검해 보자.

20

'커뮤니케이션'이란
무엇인가

리포팅 시기
보고와 회의

"회의는 참여하는 사람들과 목표를
공유하고 도출해 낸 결론을 통해
조직의 성과를 창출할 수 있어야 한다."

커뮤니케이션이 현대에 이르러 다양한 분야에서 다각도로 연구되며 그와 관련한 매우 폭넓은 개념들이 잇따라 나오고 있다. 그 라틴어 뿌리어인 '콤뮤니아(communia)'의 역사적 맥락을 본다면 보다 광범위한 의미를 이해할 수 있다. 이번 장에서는 커뮤니케이션을 비롯하여 그 구체적인 수단인 보고, 회의에 대해 살펴볼 것이다.

커뮤니케이션

'커뮤니케이션(communication)'의 뿌리어는 라틴어 '콤뮤니카티오(communicatio)'다. 이 단어의 동사는 '콤뮤니오(communio)'인데 '함께', '공동의'를 뜻하는 '콤(com-)'과 '성을 쌓다'라는 뜻의 '무니오(munio)'가 합쳐 생긴 말이다. '함께 성을 쌓다', '함께 보호하다' 정도로 풀이할 수 있는데, 그래서 거기서 파생된 '콤뮤니카티오'도 '함께 성을 쌓음', '함께 보호함' 또는 '성을 쌓는 일을 함께함', '보호하는 일을 함께함'으로 풀이할 수 있다. 특히 교회에서는 이 단어가 '친교'(친밀한 사귐)를 뜻하는 그리스어 '코이노니아(κοινωνία)'에 해당되며, 또는 '친교의 포도주와 빵을 나눔' 등을 의미했다.

영어에서 '커뮤니티(community)'도 이 의미군과 관련이 있는데 '콤뮤니오'에서 파생된 형용사 '콤뮤니스(communis)'의 복수가 '콤뮤니아(communia)'다. 이것은 프랑스어로 '코뮌(commune)'이다. 이렇듯 '커뮤니케이션'은 무조건 떠오르는 의사소통이라는 의미 이면에 '함께 성을 쌓음'이나 '함께 나눔' 또는 '친밀한 사귐'이라는 모종의 의미군을 함축하고 있는데, 이것은 역사적 사건과 관련된다.

고대 로마 시대부터 외부의 침입을 막기 위해 쌓은 성채를 라틴어로 '키비타스(civitas)'라고 했는데, 이 성채는 나중에 행정, 문화, 종교의 중심지로 발전했다. 영어의 '시티(city)'가 이 단어에서 왔다. 키비타스는 귀족이 중심이었고, 시민권은 상당히 제한적이었다. 한편 키비타스 옆에 형성된 '부르구스(burgus)'라는 도시가 있었다. '부르그(burg)'는 '언덕' 또는 '구릉지'라는 뜻으로 이 도시가 요새의 역할을 했기 때문이다.

중세가 되자 '키비타스'와 '부르구스'가 대표적인 도시 형태가 되었다. 키비타스의 규모가 커지자 부르구스에는 키비타스 사람들에게 상품을 공급하려는 상인들과 장인들이 대거 거주하게 되었다. 그 덕에 부르구스의 일부 지역에 상공업 지대가 형성되었기 때문에 이들을 일컬어 '부르구스의 사람들'이라 불렀고, 이것이 '부르주아지(bourgeoisie)'의 기원이 되었다.

이탈리아 북부 베네치아와 벨기에 저지대 연안인 플랑드르 지역은 키비타스와 부르구스가 발달한 곳이었다. 12세기 이후에 농산물은 더 이상 장원의 자급자족만을 위한 것이 아닌 교환의 대상으로 바뀌었고, 자연스럽게 구질서의 상징인 장원제가 붕괴되어 부르구스의 상공업 지역과 함께 시장이 출현했다.

시장과 농촌에서는 상호 간의 식량 및 상품 교류, 즉 제조업의 공급이 이루어졌다. 이후 부르구스의 상공업자들은 '길드(gildes)', '한자(hansa)'와 같은 조합을 구성하여 자신들의 권리를 보호해 나갔다.

이들은 12세기 말부터 약 500년간 귀족과 사제를 중심으로 한 기득권 세력과 충돌했다. 그리고 끝내 자치권에 대한 요구와 자유에 대한 투쟁을 했고, 스스로 구축한 조합과 축적된 부를 통해서 공권력으로부터 보호를 받아 냈다. 결국 장원 체제를 유지하려는 영주들의 예속 신분에서 벗어나 불완전하게나마 자유민 신분을 획득할 수 있었다. 이탈리아 북부는 다른 지역에 비해 귀족들의 간섭을 덜 받게 되었다.

17세기가 되면서 모든 도시들을 연합한 형태, 즉 국가가 생기고 이 국가가 각 도시마다 자체적 권한(empowerment)인 지역 자치권을 부여했다. 하지만 프랑스 북부 지역은 아직도 봉건 귀족의 영향력이 굉장히 강했기 때문에 지역 자치권을 얻지 못했다. 그러자 부르구스에서 봉건 영주에게 세금을 내야 할 의무로 고통받던 자들이 자치권 획득 운동을 벌였다. 이것이 바로 '코뮌' 운동이었다.

프랑스 공화국의 최하위 행정 구역이기도 한 코뮌은 자치권을 염원한 사람들이 함께 성을 쌓아 공동체를 만들고 친밀한 사귐을 전제로 했다. 어떤 커뮤니티를 형성한다고 할 때에는 이렇듯 자유로운 권리가 전제되어야 하며 그 자유권 위에서 커뮤니케이션이 이루어져야 한다. 역사적으로 살펴본 바와 같이 사람들에게는 함께 나눌 권리, 자유로운 권리를 전제하는 커뮤니케이션에 대한 갈망이 줄곧 있었던 것이다.

리포팅에는 보고자의 해석이 들어간다

이제 조직이나 공동체 안에서 이루어지는 커뮤니케이션의 구체적인 예를 살펴보자. 리포팅(reporting)은 조직 내의 커뮤니케이션으로 특히 부서 직원이 부서장과 함께 나누는 상하 간 합의적 의견 전달 수단이다.

리포트(report)의 '리(re)'는 '다시', '포트(port)'는 '옮기다', '가져가다'라는 뜻으로, 한 번 옮기는 것으로 끝나는 것이 아니라 다시 옮기고 다시 가져가는 것을 의미한다. 이런 의미에서 '리포트'도 커뮤니케이션의 기본 개념인 '함께 나눈다'라는 의미를 포함하고 있다. 이 단어의 명사형인 리포팅(reporting)은 조직 내 구성원들끼리 '함께 나눔', 즉 커뮤니케이션을 위한 구체적 실천으로서 '반복하여 가져감'을 뜻한다.

리포팅의 가장 중요한 점은, 그것이 보고자의 생각이나 의견을 전달하고 상호 교환하는 수단이라는 것이다. 즉 정보만 전달하는 것이 아니라 그 정보에 대한 보고자의 관점을 포함하여 전달해야 한다. 이런 보고자의 해석을 통해 상하 구성원이 실행 방법에 대한 의견을 진솔하게 밝히고 상호 합의를 이루어 내는 과정까지가 리포팅이며 커뮤니케이션의 기본 형식이다.

리포팅은 프랑스어로 '르포르타주(reportage)'다. 이 단어의 의미는 '시사 보도', '현지 보고', '탐방 기사' 등인데, 보통 줄여서 '르포'라고 한다. 일반적으로 사회의 어떤 현상이나 사건에 대해서 자신의 식견을 담아 심층 취재한 결과물을 뜻하며, 이것 역시 리포트와 같은 어원이라는 점에서 보고에는 단지 정보 전달만이 아니라 보고자의 해석이 들어간다는 점을 명심해야 한다.

그렇다면 보고자의 해석이 포함해야 할 것은 무엇일까? 바로 구성원들의 '니즈'다. 보고의 내용은 자신이 해석한 것이지만, 구성원의 니즈도 표현해야 한다. 상사는 구성원의 보고를 받으면서 구성원의 니즈가 무엇인지를 알게 된다. 이 보고 시간을 통해 상하 간 생각의 차이와 그에 따른 합의점이 무엇인지 어림잡게 되며, 보고를 통해 오가는 다양한 의견들을 통해 적합한 합의점을 찾을 수 있다. 이것이 바로 진정한 커뮤니케이션이다. 보고를 통해 '함께 나눔'이 있었고 거기서 자유권이 발휘되었기 때문이다.

자유권을 위해서 보고 시에 보고자에게는 의사를 마음껏 표현할 수 있도록 권한(임파워먼트)이 주어져야 한다. 위에서 강조했듯이 보고는 커뮤니케이션의 구체적인 예로 조직의 비전 달성 방법에 대한 전략적 설명과 조직 구성원들이 함께 나눌 수 있는 실천을 가능케 해야 한다.

그렇다면 이러한 보고 시기는 언제가 적당할까? 일반적으로 세 시기로 구분한다. 우선 프로젝트를 시작할 때 성과에 대한 기획을 보고하고, 그다음으로 프로젝트 공정을 50퍼센트 수행했을 때 보고하며, 마지막으로 공정을 90퍼센트 수행했을 때 프로젝트 완료에 대해 보고한다.

이렇게 보고의 세 시기를 잘 지키는 것도 중요하지만, 필요할 때마다 시간에 구애되지 않고 보고할 수 있는 여건을 갖추는 것도 중요하다. 함께 나누어야 할 무엇인가가 있을 때마다 함께 나눌 수 있는 여건이 자연스럽게 형성되는 것이 바로 커뮤니케이션의 기본이기 때문이다.

회의(미팅)

두 명 이상의 사람이 모여서 주제에 관해 논의하는 것 또는 그 일을 하는 모임을 회의 내지 미팅(meeting)이라고 한다. 대부분 조직의 문제 해결은 회의를 통해서 그 구체적 논의가 이루어진다. 이 논의는 업무 목표뿐만 아니라 현실에 발생 가능한 다양한 문제를 인식하고 해결할 수 있는 대안을 만들어 낸다.

결국 목표와 현실의 격차를 줄여 해결할 수 있는 커뮤니케이션이 바로 회의다. 그래서 보고가 부하 직원의 관점에서 하는 것이라면, 회의는 직급의 구분 없이 동일하게 조직의 문제 해결 및 상호 협력을 이끌어 내는 수단이 된다.

미팅의 동사 'meet'는 고대 영어 '메탄(mētan)'에서 왔다. 현대어로 풀이하자면 'come upon', 'come across'이며, 그 명사형인 미팅은 '서로 다른 관점에서 건너와 합의에 이르는 것', '두 사람의 주장이 서로 건너감에 따라 최종적으로 합의에 이르는 것'을 말한다. 그런 의미에서 회의는 서로 다른 이슈로부터 합의에까지 이르러야 한다.

20 '커뮤니케이션'이란 무엇인가

회의에서 합의에 이르기 위해서는 세 가지 사항을 점검해야 한다. 첫째, 회의를 제안하는 사람이 사전에 회의 목표를 구성원들에게 제시했는가. 목표 없는 회의는 함께 나눌 것이 무엇인지를 불분명하게 하여 결국 시간만 낭비하게 할 뿐이다. 회의는 거기 참여하는 사람들과 목표를 공유하고 도출해 낸 결론을 통해 조직의 성과를 창출할 수 있어야 한다.

합의에 이르기 위해서 다음으로 체크해야 할 사항은 목표 달성을 위한 절차, 즉 어떤 프로세스를 밟아 회의를 진행할 것인가다. 한 사람 한 사람 의견을 주고받으며 합의에 대한 결정을 다수결로 할 것인지, 혹은 재고한 후 또 한 번의 미팅으로 정할 것인지 등을 확정해야 한다. 자칫 섣부른 합의는 구성원들의 눈살을 찌푸리게 할 수 있기 때문에 협의 절차에 대해서는 반드시 합의가 있어야 한다.

회의를 합의로 이끌기 위해 체크할 세 번째 사항은 관계 구축에 대한 것이다. 관계 구축은 회의 참석자들 전체가 목표를 달성하기 위해 협력할 수 있는 상호 작용의 힘을 만들어 낸다. 미팅에 참여하는 사람들과 이런 관계가 제대로 구축되지 않으면 서로 낯설고 생소하여 마음을 터놓지 못하게 된다. 그럴 경우 중요한 아이디어와 의견이 원활하게 제시될 수 없다.

참여자들이 심리적으로 안정하기 위해서라도 사전에 관계

구축을 형성하는 것이 필요하겠다. 회의 시간에는 언제든지 서로 열린 마음과 편안한 분위기에서 상호 협력하고 모두가 합의할 수 있는 보편적 결론을 도출하는 것이 무엇보다 중요하다.

부하 구성원이 상사에게 전달하는 것이 보고라면, 회의는 직급의 구분 없이 동등한 구성원으로서 하는 소통이다. 이에 반해 상사 관점에서 구성원과 나누는 인터뷰인 면담과 마케팅을 통한 커뮤니케이션인 마케팅 믹스는 다음 장에서 다루겠다.

1   "부르구스에서 봉건 영주에게 세금을 내야 할 의무가 있는 자들이
    자치권 획득 운동을 벌였다. 이것이 바로 '코뮌' 운동이었다. 우리
    가 어떤 커뮤니티를 형성한다고 할 때는 자유로운 권리가 전제되어
    야 하며, 그것을 토대로 커뮤니케이션이 있어야 한다. '커뮤니케이
    션'에는 함께 자유롭게 나누는 권리에 대한 갈망이 내포돼 있다."

         내가 리더로 있는 조직이나 공동체 안에서 상하좌우 커뮤니케
    이션이 원활하게 이루어지고 있는지 점검해 보고, 부정적인 예와 긍정적인
    예를 서로 이야기해 보자.

2   "리포팅은 정보뿐만 아니라 그 정보에 대한 보고자의 생각이나 의
    견, 관점을 포함하여 전달해야 한다. 보고자의 해석을 통해 상하
    구성원이 실행 방법에 대한 의견을 진솔하게 밝히고 상호 합의를
    이루어 내는 과정까지가 리포팅이며, 이런 의미에서 보고는 커뮤
    니케이션의 기본 형식이다."

         나의 보고와 내가 받는 보고는 이러한 역할을 하고 있는지 점검
    해 보자.

3   "회의에서 합의에 이르기 위해서는 세 가지 사항을 점검해야 한
    다. 첫째, 회의를 제안하는 사람이 사전에 회의 목표를 구성원들
    에게 제시했는가. 둘째, 목표 달성을 위한 절차, 즉 어떤 프로세스
    를 밟아 회의를 진행할 것인가. 셋째, 상호 작용을 만드는 관계 구
    축이 형성됐는가."

오늘이나 내일 있을 회의 목표는 무엇인지 확인하고, 합의를 위한 프로세스도 미리 결정된 것인지 점검해 보자.

4 "관계 구축은 회의 참석자들이 목표를 달성하기 위해 협력할 수 있는 상호 작용의 힘을 만들어 낸다."

평소에 상하좌우 관계 구축을 위해 어떤 노력을 하고 있으며, 그 노력은 효율적이었는지 이야기해 보자.

20 '커뮤니케이션'이란 무엇인가

21

마케팅 커뮤니케이션

수혜자 개념과
마케팅 믹스

회사가 제공하는 가치를 나누기 위해
고객 및 수혜자와 소통하는 모든 활동을
'마케팅 커뮤니케이션'이라 한다.

커뮤니케이션을 위한 여러 방법 중 특히 면담(interview)이 최근 들어 새롭게 인식되고 있다. 기업과 공동체 문화에서 리더 또는 임원들이 직원들을 종업원이 아닌 구성원으로 인식하면서 전체 구성원들의 생각과 의견에 적극적으로 관심을 보이고 있기 때문이다. 이런 시도들은 우리 조직의 모습이 수직적 형태를 벗어나 수평적 체제로 전환한 것에 따른 변화라고 할 수 있다.

면담의 필요성

어느 조직이든 구성원들이 많아지면 구성원 내부의 관심이 잘 드러날 수 없다. 조직이 형성되는 초기에는 인원수가 적어서 모든 의견이 존중받는 분위기지만, 시간이 흘러 조직이 커지면 특별한 문제에 대해서 편파적인 소수에 의해 일방적인 결정이 내려질 가능성이 높아진다.

이런 상황에서 균형 있는 의견 수렴을 위해 정기적인 커뮤니케이션이 필요하다. 이런 상황에서는 모든 의견이 고르게 수렴되어야 한다. 그래서 정기적인 커뮤니케이션이 필수적이다. 의견 충돌이 예상되는 경우 상호 간 대화를 통해 서로의 생각을 이해하고 존중하는 것이 중요하다. 이를 통해 갈등을 예방하고, 상호 협력을 이룰 수 있다.

또한 커뮤니케이션을 통해 새로운 아이디어를 도출하고 문제를 해결할 수 있다. 바로 이런 필요에 의해 생긴 커뮤니케이션이 정기적인 면담이다. 앞 장에서 다룬 보고가 구성원의 입장에서 상급자에게 수행하는 커뮤니케이션이라면, 면담은 상급자 입장에서 진행되는 커뮤니케이션이다.

전략 코칭, 실행 지원, 피드백 면담

'면담(面談)' 하면 어감 자체가 좀 딱딱하게 들리지만, 한자로 보자면 얼굴 '면' 자에 이야기 '담' 자다. '얼굴을 보면서 대화한다'라는 정감 어린 의미를 품고 있다. 영어를 보더라도 '인터뷰(interview)'는 '안으로', '사이에서'라는 뜻의 '인터(inter-)'와 '보는 것'이라는 뜻의 '뷰(view)'가 결합된 말로, 16세기 프랑스어 '앙트르뷔(entrevue)'에서 왔다.

인터뷰를 '안으로 들어가서 봄'이라고 할 때, 상급자의 입장이 더 부각되어 '상사가 구성원들의 입장으로 들어가는 것'을 암시한다. 리더 및 CEO가 직접 들어가 보지 않는다면 구성원들의 관심사를 알 수도 없을뿐더러 특별하거나 중요한 문제에 대해서 자신들의 일방적 이야기만 전할 수 있기 때문이다. 그래서 면담을 통해 상급자가 먼저 들어가 보는 것이 필요하다.

리더와 구성원 간에 이루어지는 커뮤니케이션인 인터뷰는 조직의 성과를 위해서 목표를 세우거나 실행할 때, 그리고 그 모든 목표를 실행한 후 평가할 때 아주 중요하다. 일반적으로 전략 코칭 면담, 실행 지원 면담, 피드백 면담 세 종류가 있다.

첫째, 전략 코칭은 상급자의 입장에서 성과 목표를 세우고 전략을 수립하기 위한 인터뷰다. 둘째, 실행 지원은 장애 요인을 제거하고 조직을 전체적으로 지지하기 위한 면담이다. 업무를 실행하기 위해서 부족한 부분을 채워 주고 동기 부여를 해 줄 수 있어야 한다.

셋째, 피드백을 주기 위한 면담이 있다. 피드백은 성과 수행 후 그것에 대한 평가를 포함한다. 달성된 성과를 파악해 주고 거기에 대한 분석을 세밀하게 해 줄 뿐만 아니라 그 일을 담당한 구성원의 역량에 대해서도 피드백을 줄 수 있어야 한다. 만약에 성과를 내지 못했을 경우에는 보완해야 할 점이 무엇인지 조언해 준다.

인터뷰를 할 때 주의할 점은 구성원이 능동적으로 문제 해결 과정을 찾도록 하는 것이다. 면담을 통해 구성원이 마지못해 수동적으로 성과를 이루도록 설득하는 것이 아니라 자유롭고 능동적인 주체성을 갖고 행동하도록 이끌어야 한다. 면담자가 자신의 역량을 드러낼 수 있도록 하는 것이 중요하다.

　조직 내에서 커뮤니케이션이 수동적으로 지속될수록 문제 해결 과정을 찾는 조직원들의 능동적 전환이 어려워진다. 조직이 어떤 문제를 해결하려고 할 때 그 조직의 비전 달성을 염두에 두고 구성원의 주체적 참여가 필요하다는 것을 잊지 말아야 한다.

　이를 위해서 리더 및 임원은 구성원 면담을 통해 동기 부여가 지속적으로 일어날 수 있도록 해야 한다. 리더가 구성원들을 직접 도와주는 것이 아니라 구성원들 스스로가 주체가 되어 자신의 역할을 깨닫게 하는 것이 가장 중요하다. 그래서 인터뷰 자체는 상급자가 주관하여 시작하지만, 결과적으로 구성원들이 어떻게 함께 업무를 능동적으로 수행해야 할지 숙고하게 된다.

　주인 의식은 영어로 '오너십(ownership)'이다. 주인 정신이라고도 한다. 주인 정신은 권한 위임이 전제될 때 생긴다. 인터뷰를 통해 적합한 퍼포먼스를 행하게 될 사람에게 권한 위임을 한다. 권한 위임이 전제되는 인터뷰는 구성원들에게 능동적 참여, 다시 말해서 주인 정신을 심어 줄 수 있다. 이것은 커뮤니케이션의 역사적 맥락에서 살펴보았듯이 자유권 내지 자치권을 보장하는 일이다.

통합적 마케팅 커뮤니케이션(IMC)

먼저 '마케팅'의 어원부터 살펴보자. 마케팅(marketing)은 라틴어 '메르카투스(mercatus)'에서 온 말인데 '상업', '매매', '판매', '시장'이란 뜻이고, 그 동사형은 '메르카리(mercari)', 즉 '사다(buy)'라는 의미다. 이런 기본적인 뜻에서 발전한 최신 마케팅에 대한 정의를 보면 '광고, 홍보, 판매, 판매 촉진, 고객 관계 관리(CRM, Customer Relationship Management), 브랜드 전략 등 회사가 제공하는 가치를 나누기 위해 그 가치의 수혜자와 소통하는 모든 활동'이다.

마케팅 개념이 넓어지면서 최근에는 일종의 커뮤니케이션으로도 인정되는 추세다. 그 대표적인 용어가 '마케팅 커뮤니케이션'인데, 이제 마케팅은 외부의 수혜자 및 공동체의 이로움을 나누는 사람들과의 커뮤니케이션이라는 개념으로 이해된다.

이전에는 광고, 홍보, 판매, 판촉 등을 담당하는 부서가 따로 있었다. 하지만 지금은 마케팅이라는 상위 개념 안에서 통합적으로 이루어지고 있다. 이것을 통합적 마케팅 커뮤니케이션(Integrated Marketing Communication), 알파벳 앞 글자만 따다가 IMC라고 한다.

기업들은 광고나 판매 촉진, PR이나 직접 판매 등을 통해 통합된 어떤 메시지를 고객들에게 주고 있다. 유무형의 상품 생산과 홍보가 따로 있는 게 아니라, 통합적인 메시지를 이미 생산 단계에서부터 광고에까지 한꺼번에 실어서 일관되고 명확한 기업 이미지와 브랜드 이미지를 만들고 그것으로 고객과의 관계를 구축하고 있다. 이것을 통해 결국 커뮤니케이션에서 이루고자 하는 고객과의 '함께 나눔'이 가능하게 되었다.

이런 통합적 마케팅 커뮤니케이션 이론과 함께 등장한 개념이 마케팅 '믹스(mix)'다. 마케팅 활동들을 하나로 통합한 것을 또 다른 말로 '마케팅 믹스'라고 한다. 그런데 이런 마케팅 믹스에는 두 가지 관점, 그러니까 판매 지향 관점과 고객 지향 관점이 있다.

판매 지향 관점이란 판매자가 판매를 증진하기 위해 활동하는 것으로, 제품 관리(Product), 가격 관리(Price), 유통 지역 관리(Place) 및 촉진 관리(Promotion)로 구분한다. 고객 지향 관점은 고객이 원하는 부분이 무엇인지를 염두하고 활동하는 것으로, 고객 비용(Customer Cost), 고객 가치(Customer Value), 커뮤니케이션(홈페이지, 고객 소리함, SNS 등), 편의성(Convenance)으로 구분한다. 여기서 판매 지향 관점은 모두 P자로 시작되고, 고객 지향 관점은 C자로 시작되기 때문에, 알파벳 앞 글자만 따서 각각 4PS, 4CS라고 한다.

그런데 이때 고객 및 수혜자들과의 커뮤니케이션은 판매와 구매가 이루어지는 시장의 트렌드를 대상으로 이루어진다. 상품의 종류와 품질은 물론, 이를 제공하는 방식과 고객과의 커뮤니케이션 방법 등 모든 측면에서 고객의 만족을 위해 노력해야 한다.

결국 트렌드를 읽는다는 건 고객의 욕구와 욕망의 변화가 어떻게 움직이고 있는지를 보는 것이며 미래를 예측하고자 하는 활동이다. 따라서 마케팅 커뮤니케이션은 고객과의 관계를 위해 필수적이라 하겠다.

'수혜자' 개념

그렇다면 마케팅은 왜 수혜자들과의 커뮤니케이션일까? 마케팅 커뮤니케이션과 관련해 '수혜자' 개념을 살펴보자. 이제까지는 고객이란 단어가 사용되었지만 수혜자 개념이 더 선호되고 있다. 기업이나 회사가 제공하는 가치(밸류)의 혜택을 받는다는 의미로 수혜자 개념이 등장했다.

기업이나 회사가 가치를 나누어 준다는 개념도 넓은 의미에서 '함께 나눔'이라는 커뮤니케이션 개념으로 이해할 수 있다.

21 마케팅 커뮤니케이션

앞에서 설명했던 고대 로마의 '패트론' 정신이 현대화한 것으로 이해할 수 있다. 즉 기업이나 회사가 패트론으로서 가치를 나눈다는 관점이 생긴 것이다.

회사가 제공하는 가치를 나누려면 수혜자와 소통하는 모든 활동을 마케팅이라 보는 것이 커뮤니케이션의 원래 의미인 '함께 나눔'을 적용한 대표적 사례다. 그래서 최근에는 영업 부서만 마케팅을 하는 것이 아니라 회사의 브랜드 가치를 함께 나누는 쪽으로 관점이 바뀌고 있다.

수혜자 개념이라는 것에는 잠재 고객의 욕망을 일깨우고 그 욕망을 만족시킬 만한 유·무형의 상품을 제공하는 활동을 위해 커뮤니케이션이 전제된다. 이때의 커뮤니케이션은 지금 당장은 고객이 아니더라도 앞으로 고객이 될 만한 잠재 고객을 대상으로 한다. 고객들 스스로도 잘 알지 못하는 결핍된 것들, 즉 욕망하는 것들을 찾게끔 해 준다. 그래서 마케팅 커뮤니케이션은 잠재 고객의 욕망까지도 일깨우고 그 욕망을 만족시킬 상품을 위해서 소통하는 일이다.

이제 마지막으로 마케팅 커뮤니케이션의 과정을 살펴보자. 우선 타깃 고객을 선정하고 그다음으로 커뮤니케이션할 콘텐츠를 결정한다. 그리고 콘텐츠를 어떻게 구성할지 정한다. 이후 이 콘텐츠를 어떤 플랫폼을 활용하여 수혜자들에게 전달할지 정한다. 일단 여기까지 수행되면, 거기서 이제 커뮤니케이션을 수행하여 유무형의 상품을 수혜자와 나누게 된다. 최종적으로 이 전체 커뮤니케이션을 평가한다.

커뮤니케이션의 핵심은 함께 나눔이다. 이 개념으로 볼 때 내부적으로 조직 안에서 일어나는 커뮤니케이션에는 부하 구성원이 상급자에게 하는 보고(리포팅)가 있고, 직급의 구분 없이 구성원으로서 동등하게 소통하는 회의(미팅)가 있으며, 또한 상급자의 관점에서 이루어지는 면담(인터뷰)과 포괄적 의미로 마케팅에서 이루어지는 IMC, 또는 마케팅 믹스가 있다.

종합하자면 마케팅 커뮤니케이션은 회사가 제공하는 가치를 나누기 위해 고객 및 수혜자와 소통하는 것을 의미한다. 이를 통해 잠재 고객들의 욕망과 필요를 파악하고 그들을 만족시킬 수 있는 유무형의 상품을 제공한다.

마케팅 커뮤니케이션은 단순한 광고와는 다르다. 제품 또는 용역을 소개하는 것만으로는 충분하지 않다. 고객들과의 소통을 통해 그들의 요구 사항을 파악하고, 그에 맞는 제품 또는 용역을 제공해야 한다. 마케팅 커뮤니케이션은 고객들이 원하는 것을 이해하고, 그에 맞는 제품·용역을 개발하는 것이다. 우리는 각각의 직장이나 조직에서 어떤 커뮤니케이션이 있는지 점검하고 함께 나눔을 실천해야겠다.

21 마케팅 커뮤니케이션

1   "균형 있는 의견 수렴을 위해 정기적인 커뮤니케이션이 필요한데 이것이 바로 인터뷰(면담)다. 인터뷰에서는 상급자 입장에서 구성원이 능동적으로 문제 해결 과정을 찾도록 도와주어야 한다. 상급자와 구성원들이 함께 참여하는 인터뷰는 팀의 성과 향상에 도움을 준다."

  인터뷰에는 전략 코칭 면담, 실행 지원 면담, 피드백 면담 세 가지가 있다. 최근에 나는 어떤 면담을 하거나 받았는지 점검해 보고, 내가 속한 조직에서는 이 세 가지가 균형 있게 실행되고 있는지 살펴보자.

2   "마케팅 커뮤니케이션이란 회사가 제공하는 가치를 함께 나누기 위해 고객 및 수혜자와 소통하는 모든 활동을 말한다. 마케팅은 외부의 수혜자 및 공동체의 이로움을 나누는 사람들과의 커뮤니케이션이다."

  '함께 나눔'이라는 커뮤니케이션의 핵심 개념이 마케팅에 적용된 사례가 마케팅 커뮤니케이션이다. 우리 회사에서는 이러한 실례로 어떠한 것이 있는지 말해 보자.

3   마케팅 커뮤니케이션은 고객들 스스로도 잘 알지 못하는 결핍과 욕망을 찾게끔 해 주는 것이다. 커뮤니케이션은 잠재 고객의 욕망을 일깨우고 그 욕망을 만족시킬 만한 유무형의 상품을 제공하기 위해 전제되어야만 한다."

  우리 회사든 다른 회사든 간에 이처럼 고객의 원츠(wants)를 찾아내서 성공한 사례가 있는지 찾아보자.

중간 관리자의
커뮤니케이션

관리자 개념
직무 스트레스

관리자는 경영자의 비전을
팀원들에게 공유하며,
그것을 실무적으로 현실화하는
역할을 한다.

이번 장에서는 관리자 개념과 직무 스트레스를 살피고, 다음 장에서는 소명, 관계성, 진정성에 대해 살펴보고자 한다. 이 장에서 다루고자 하는 관리자란 조직 내에서 중간 관리자를 의미한다. 중간 관리자는 상위 관리자와 하위 직원들 사이에서 중재 역할을 수행하며, 조직 내부의 의사 전달과 실행을 담당했다.

하지만 수직형 조직이 수평적 조직으로 바뀌면서 중간 관리자의 역할이 애매해지거나 구조적인 이유로 그들이 스트레스를 받는 상황이 자주 발생하곤 한다. 중간 관리자가 상대하는 신입 사원들은 수평적인 관계를 요구하지만, 조직의 모든 체제는 아직 수직적인 경우가 상당수이기 때문이다.

이런 상황에서 중간 관리자들은 그 어느 직급보다 더 많이 탈진된 상태다. 수직적 체계가 수평적 조직으로 바뀌었다고 해서 모든 문제가 해결되는 것은 아니었다. 이젠 누가 누구를 지휘하는지 모르는 상황에서 모두가 자율적으로 일해야 했다. 수직적 체계였다면 발생하지 않았을 문제가 수평적 조직으로 바뀌면서 그들의 탈진은 더 빈번해졌다. 그러다 보니 중간 관리자들이 직무 스트레스에 시달리고 있다. 그 극복 가능성으로서 소명, 관계성, 진정성을 제시할 것이다.

직원들을 대할 때와 상급자를 대할 때의 갈등 속에서 중간 관리자들은 극심한 혼란을 겪고 있기에 최근에 이 연구가 상당

히 많이 진행되고 있다. 군대, 경찰, 공기업에서 중간 관리에 대한
연구가 중요시되는 이유도 여기에 있다.

커뮤니케이터 역할

직장에 CEO가 있고 팀원이 있다면 관리자는 대체로 그
중간에 위치한 사람이다. 일반적으로 관리자는 경영자의 비전을
팀원들에게 공유하며, 그것을 실무적으로 현실화하는 역할을
한다. '실무적인' 일에 손을 대는 매니저는 조직의 비전을 실현하
기 위해서 팀원이 구체적인 업무를 달성할 수 있도록 하는 일을
수행한다. 비전을 구체적인 업무로 실행하는 것, 이것이 어원으
로 얻을 수 있는 매니저의 역할이다. 물론 작은 회사나 조직에서
는 경영인이 관리자가 되는 경우도 많다.

우리는 앞에서 '경영'을 '구성원 또는 팀원들을 지지하고 협
력하고 대접하는 것'으로 정의했다. 주목할 것은 관리자가 팀원
들을 지지할 수 있어야 하고 협력해 주고 대접해 주어야 한다는
것이다.

일반적으로 과장급 이상을 관리자라고 보지만 최근 조직
이 수평적 체제로 바뀌면서 관리자는 더 이상 직급으로 임명되

지 않고 근무 연수로 결정되기도 한다. 연수로 보자면 이전에는 같은 회사에 8년 정도 근무해야 했지만 지금은 5년 이상 근무하면 관리자가 되는 추세다. 그만큼 간부 승진이 빨라졌다고 볼 수 있다.

최근에 기업 환경이 계속 변하여 중간 관리자의 역할, 영역 등도 아주 광범위해지고 있다. 팀원과 경영자 사이에서 중요한 것이 중간 관리자의 정보 커뮤니케이션 역할, 의사 결정 역할 또는 조정자 역할이다.

조직체가 경영자를 믿지 못하는 것의 책임은 팀원에게 있기보다 중간 관리자에게 있는 경우가 훨씬 더 많다. 어느 공동체든 경영자를 불신하고 신뢰하지 못하는 가장 큰 이유는 팀원이 그렇게 느껴서가 아니라 관리자가 그렇게 전달하고 있기 때문이다.

그래서 우리가 어떠한 조직체를 볼 때 리더를 신뢰하지 못하고 그에게 분노하는 데에는 일차적으로 리더에게 책임이 있지만 이차적으로는 중간 관리자에게도 그 책임이 있는 것이다. 중간 관리자가 그렇게 만드는 것이다.

특히 관리자는 이미 권한 위임을 받은 사람으로서 담당 부문의 손익을 책임지는 경우가 많다. 관리자로서 실행과 책임을 가지기 때문에 특별한 권한도 부여받는 것이다. 상위 관리자로 올라갈수록, 말하자면 임원 또는 부장 정도 되면 경영진의 입장을 책임지고 대변하며 하위 관리로 내려갈수록 팀원의 입장을 책임지고 대변한다.

만약 과장으로서 계속 경영진의 입장만 대변한다면 팀원의 입장이 전달될 수 없기 때문에 올바른 '함께 나눔', 즉 커뮤니케이션이 없는 조직이 될 수 있다. 그래서 관리자가 경영진과 팀원 사이에서 의견을 함께 나눌 수 있는 커뮤니케이터의 역할을 많이 해야 한다.

팀원들이 자신의 상급자가 윗선의 눈치만 보느라 자신들의 입장을 대변하지 않는다고 평가한다면, 그 관리자는 그 역할을 제대로 하지 못하는 것이다. 팀원들은 그들의 의견이 반영되지 않고 무시된다는 불만을 느끼게 되며, 이는 팀 내의 신뢰도와 협업에 부정적인 영향을 미친다.

또 경영진의 입장에서는 그 관리자에 대하여 '저 사람은 우리에게 아부만 하나? 왜 직원들의 생각을 전하지 않나?'라고 평가할 수 있다. 어찌 되었든 관리자는 조직의 전반적인 커뮤니케이션을 위해서 어떤 역할을 해야 할지를 신경 써야 한다.

중요한 것은 관리자 본인들이 최대한 경영의 연대 책임을 지려는 자세다. 경영자가 가진 비전을 공유하면서 업무를 수행하는 관리자는 경영의 연대 책임을 느끼는 것이 중요하다.

다섯 가지 직무 스트레스

관리자는 현업에서 많은 책임과 업무를 맡기 때문에 엄청난 스트레스를 안고 있다. 팀의 리더로서 많은 결정을 내리고 팀원들의 성과와 안녕을 책임져야 한다. 예기치 않은 문제들이 발생하면 적극적으로 대처해야 하며 이를 위해서는 상당한 에너지와 노력이 필요하다. 밑에 치이고 위에 치이는 상황에서 직무 스트레스, 즉 직무로 인한 긴장이 발생한다.

'스트레스'는 '좁은', '꽉 죄는', '압박하는', '억압하는'이란 뜻의 라틴어 '스트릭투스(strictus)'에서 왔다. 그러니까 경영자와 팀원 사이에 끼여 있는 관리자는 수행할 업무가 자신을 꽉 조여오는 듯한 느낌을 갖는다. 물론 팀원이나 경영인에게도 직무 스트레스가 있지만, 여기서는 관리자의 입장을 주로 다루겠다.

중간 관리자의 경우 직무 특성상 직무 스트레스가 그 어떤 직위보다 더 상당히 높은 편이다. 스트레스가 계속되면 소진 또는 탈진으로 번역되는 '번아웃(burnout)' 증상이 일어난다. 관리자가 겪는 직무 스트레스는 상이한 두 계층 간에 서로 일치하지 않는 욕구와 기대를 동시에 충족시켜야 하는 상황에서 발생한다. 경영자가 요구하는 것과 팀원들이 기대하는 것이 일치하지 않아서 결국은 스트레스 상황이 발생하는 것이다.

그러므로 관리자의 직무 스트레스는 두 계층의 욕구와 기대 때문이다. 상위 계층은 수익과 이익을 추구하고 하위 계층은 안정적인 일자리와 보호를 원한다. 이 두 욕구는 서로 충돌하기도 하고 이루어지기도 어렵다. 그래서 관리자는 항상 양쪽을 만족시키려고 애쓰는데 그만큼 스트레스를 받게 된다.

이것을 좀 더 자세히 살펴보면, 직무 스트레스는 직무, 조직, 역할, 대인 관계, 경력이라는 다섯 가지 요인에서 생긴다. 첫째, '직무 스트레스'는 맡겨진 업무에 자율성이 따르지 않을 때 나타난다. 권한 위임을 받았으면 자율성이 주어져야 하는데, 상급자로부터 간섭을 받게 된다면 스트레스가 발생하는 것은 당연한 일이다.

한편 관리자가 할 수 있는 업무는 제한적인데, 과중한 업무에 시달리면 당연히 스트레스를 받게 된다. 또한 어떤 직무 특성은 사람에게 굉장한 스트레스를 준다. 예를 들어, 내향적인 사람이 고객을 직접 상대하면서 일한다면 외향적인 사람에 비해 더 큰 스트레스를 받을 것이다.

둘째, '조직 스트레스'는 급변하는 사회 속에서 조직이 너무 경직돼 있을 때 받게 된다. 팀제와 같은 조직의 유연성이 필요한 이유가 이것 때문이다. 또한 조직의 리더가 리더십이 없어서 올바른 결정을 내리지 못할 때 관리자는 스트레스를 받게 된다. 그다음으로 의사 결정에 참여하지 못할 때 조직에서 스트레스를 받게 된다. 특히 경영자나 임원들이 하는 의사 결정에 중간 관리자가 어느 한도 내에서 참여할 수 있는 시스템이 필요하다.

'조직 스트레스'는 기본적으로 조직의 구조와 관련된다. 앞에서도 말했듯이 조직에서 일어나는 가장 큰 갈등은 수직적인 구조와 수평적인 구조에 대한 요구 사항의 충돌이다. 최근 공무원 단체, 소방청, 군대, 경찰 등의 조직이 중간 관리자에 대한 교육을 강화하는 이유도 이것 때문이다. 이것은 조직 스트레스 요인이라고 볼 수 있다.

셋째, '역할 스트레스'는 어떤 역할을 해야 할지 모호할 때 받는 스트레스다. 물론 역할이 과다해도 스트레스지만 너무 적어도 무시를 당하는 것 같아 스트레스가 될 수 있다. 또 하나는 역할 갈등인데, 경영인이 원하는 관리자로서의 역할과 팀원들이 중간 관리자에게 요구하는 역할 사이에 갈등이 생겨서 그것이 결국 스트레스가 된다.

넷째, 직장에서 일하다 보면 상사나 직원과 대화를 나누는 것이 일상적이지만 그들에게 신뢰성이 사라진다면 어떨까? 그럴 때 '대인 관계 스트레스'가 생긴다. 불신을 쌓아 놓으면 성과를 내기 어렵고 불필요한 갈등이 생긴다.

다섯째, '경력 스트레스'는 자신에게 주어진 업무가 불안정하고 임금이 상대적으로 적을 때 겪게 된다. 이런 경우 경영자는 승진을 통해 동기 부여를 할 수 있다. 월급을 올려 주거나 아니면 승진을 통해 경력 스트레스를 극복할 수 있도록 한다.

탈진 또는 소진

직무 스트레스가 심해지면 우리는 다양한 증상을 겪게 된다. 그중 가장 대표적인 것이 탈진 또는 소진(번아웃)이다. 이 둘은 각각 체력적인 피로와 정신적인 피로를 나타내는데 일을 하면 할수록 지쳐 가는 모습을 잘 보여준다. 그런데 흥미롭게도 동일한 직무 스트레스라도 그에 대한 평가나 대처에 따라서 탈진을 겪는 정도가 다르게 나타날 수 있다. 분명 동일한 스트레스에 시달리는데도 그것을 겪는 사람이 해석하고 평가하는 정도에 따라서 다르게 느끼는 것이다. 이 점에 있어서 스트레스는 사후조절이 어느 정도 가능하다. 다음 장에서 살펴볼 요인들은 자신의 스트레스에 대한 평가에 영향을 미치는 중요한 역할을 한다. 관계성, 직업 소명감, 자기 확신 등이 모두 탈진의 정도에 영향을 미치는 요소들이다.

일반적으로 탈진 상태에 놓이면, 세 가지 증상이 나타난다. 하나는 정서적인 고갈(emotional exhaustion)이다. 탈진 상태에서 만성적인 피로를 느끼기 때문에 다른 사람들과 정서적 교감을 나눌 만한 여력이 없다. 지나치게 분노하거나 너무 슬퍼하는 상황이 자주 발생한다. 탈진되어 있으면 피로하기 때문에 정서적 에너지가 사라진다.

두 번째, 비인격화(depersonalization)가 진행된다. 커뮤니케이션을 하면서 서로 위로도 해 주고 박수도 쳐 주고 인격체들과의 만남을 통해 자신이 힘들 때 상대방에게 속마음도 얘기해 줘야 하는데, 종종 너무나 지친 나머지 더 이상 인간관계를 안 맺으려고 든다. 이런 경우가 비인격화다. 비인격화는 탈진 때문에 나타나는 인간관계 회피이며, 결국 자기방어, 즉 자기 보호 본능인 것이다.

세 번째, 성취감이 사라진다. 이것은 곧 무력감을 갖게 만든다. 정말 성취할 능력이 없는 것이 아니라 성취할 수 있는데 힘을 너무 많이 써서 더 이상 발휘할 수 없는 것이다.

탈진의 요소는 직무 스트레스로 인해서 나타난다. 단지 직무 스트레스만이 아니라 정서적 문제에까지 영향을 미치고 다른 사람들과의 커뮤니케이션을 회피하게 만든다. 그리고 자신감을 잃고 무력감에 빠지는 상황까지 벌어지게 된다.

중간 관리자는 팀 내에서 중요한 역할을 맡고 있기 때문에 그들의 업무 능력과 의사 결정 능력은 전체적인 팀의 성과에 큰 영향을 미친다. 중간 관리자가 문제 상황에 빠져 있다면 그들이 담당하는 일의 질과 양은 감소할 것이며, 이는 성과를 낼 수 없게 만든다. 그래서 이것을 극복할 수 있는 방법에 대한 모색이 필요하다. 이것은 다음 장에서 살펴보도록 하겠다.

1   "관리자가 겪는 직무 스트레스는 상이한 두 계층 간에 서로 일치하지 않는 욕구와 기대를 동시에 충족시켜 나가야 하는 상황에서 발생한다. 직무 스트레스는 맡겨진 업무에 자율성이 따르지 않을 때 나타나고, 조직 스트레스는 조직이 너무 경직돼 있을 때 받게 된다."

    자율성 및 권한 위임, 그리고 수직적 구조와 어느 정도의 통제 사이에 균형이 있어야 주인 의식이 발휘되면서 질서가 잡힌다. 우리 회사나 팀은 이러한 균형이 잡혀 있는지 점검해 보고, 이와 관련해서 스트레스가 있다면 그 해결 방법을 제안해 보자.

2   "역할 스트레스는 어떤 역할을 해야 할지 모호할 때 받는다."

    지금 내가 하고 있는 역할은 어떤 것인지 명확히 말해 보고, 모호한 점이 있다면 왜 그런지 분석해 보자.

3   "스트레스로 인해 탈진되면 ① 정서적으로 고갈되고, ② 비인격화가 진행되고 ③ 성취감은 사라진다."

    내가 이 세 가지 가운데 겪고 있는 것이 있다면, 그 이유를 분석하고 개선 방법을 모색해 보자.

4   "리더를 신뢰하지 못하고 그에게 분노하는 데에는 일차적으로 리더에게 책임이 있지만, 이차적으로는 중간 관리자에게도 그 책임이 있다. 팀원들이 자신의 상급자가 윗선의 눈치만 보느라 자신

들의 입장을 대변하지 않는다고 평가한다면, 그 관리자는 역할을 제대로 하지 못하는 것이다. 관리자 본인이 최대한 경영의 연대 책임을 지려는 자세가 필요하다."

중간 관리자의 입장에서 나는 상사와 팀원 간에 이해를 증진시키는 역할을 하고 있는지 스스로 평가해 보자.

23

경영에서
소명의식

진정성
윤리직 리더십

관리자는 관계성의 측면에서
제 몫을 돌려줌으로써
조정, 화합을 이루는 사람이다.

소명이라는 뜻의 영어 '보케이션(vocation)'은 라틴어 '보카티오(vocatio)'에서 왔다. 동사형 '보카레(vocare)'는 '부르다'라는 뜻이다. 영어로 번역하면 'call'이 되고, 그것에 '-ing'를 붙여서 '콜링(calling)'이 된다. 소명을 영어에서 '보케이션'이라 할 때는 라틴어에서 온 것이고, '콜링'은 영어 자체에서 만들어진 것이다.

그러면 누가 부른다는 것인가? 소명이란 말은 기독교적 배경을 가진 용어로 '신의 부름'이었다. '미션'은 기독교에서 선교 내지 전도라고 번역되는데, 그 사명을 위해서 신의 부름이 먼저 있다고 여기는 것이 '소명의식'이다.

하지만 종교개혁 이전에는 사제들만 신이 불러 준 천직을 가진 것으로 여겼다. 그에 비해 다른 직업은 모두 하찮은 것으로 생각했다. 그래서 자기가 관심 있는 어떤 일을 하다가도 그 직업을 포기하고 성직자가 되는 것을 천직으로 여겼다.

'소명'의 발견

종교개혁 이후로는 사제 이외의 직업을 위해서도 이 세상에 자신이 태어나도록 소명을 받았다는 개념이 생겼다. 이른바 '직업 소명설'이다. 각 개인마다 신이 주신 사명이 있고, 신은 그 사명을 위해 개인에게 맞는 직업으로 불러 주셨다고, 곧 소명이 있다고 여겼다. 사명과 소명이 종교적인 개념에서 직업 개념으로 전환되었다. 이런 변화는 현재까지도 계속되고 있으며, 앞으로도 더욱 발전해 나갈 것으로 보인다.

20세기 초 사회학자이자 경제학자인 막스 베버(Max Weber)는『프로테스탄트 윤리와 자본주의 정신』에서 직업 소명설이 자본주의가 발전하는 데 아주 큰 영향력을 미쳤다고 주장했다. 우리는 자신이 하는 일을 사회적으로 기여하는 일로 바꾸어 가며 삶의 의미와 목적을 찾아 나가길 권장한다. 이것이 자발적으로 일할 수 있도록 이끌어 주는 동력이 된 것이다. 어떤 비전을 가진 회사에 입사한 직원이 그 비전을 위해 자신이 해야 할 임무가 있어서 이 회사에 부름을 받았다고 생각하는 의식이 바로 소명 의식이다.

소명과 더불어 혼동을 일으키는 단어 중 하나가 사명이다. 많은 경우 이 두 단어가 혼용되고 있다. 사명은 이미 9장에서 '미션'으로 살펴보았듯이 '보냄 받음'인 반면, 콜링은 부름이나 임명을 말한다. 사명은 '보냄 받음'에서 더 확대되어 그때 맡겨진 '임무'를 뜻하기도 한다.

그러니까 미션은 임무이고 소명은 임명이다. 외교 사절을 생각해 보자. 그에게 있어서 외국에 가서 수행할 임무가 미션이고, 소명은 그 사절을 외교 사절로 임명함을 말한다. 임무를 위해서 임명이 있다. 즉 사명을 위해서 소명이 있다.

그런데 이 용어가 2000년대에 들어 직업에 대한 태도뿐만 아니라 직업 스트레스와 탈진을 극복할 수 있는 치유책으로 주목받고 있다. 자신이 어떤 일을 할 때 그 일이 정말 천직이라는 소명감이 있으면, 그 일을 하다 겪게 되는 어려움도 극복해 나갈 수 있다. 소명감은 우리가 가진 가치와 의미를 깨닫게 해 주고 어려운 상황에서도 포기하지 않고 나아갈 수 있는 힘을 주는 역할을 한다. 그것이야말로 우리가 탈진하지 않고 힘든 상황을 극복하게 한다.

그렇다면 소명은 언제 발생할까? 소명은 무엇보다도 개인의 주관적 인식과 신념에 기초하며, 자기 성찰, 숙고와 반성 등을 통해서 발생한다. 리더십 이론으로 본다면, 소명은 자기 인식에 속한다. 자기 인식은 성찰, 숙고, 반성을 통해 부여된다. 그리고 그런 소명이 있을 때 다른 사람의 인정과는 상관없이 일 자체에 대한 성취감을 갖는다.

하지만 소명감이 투철하면 탈진에 빠지지 않을까? 탈진이 소명감과 반비례 관계만 갖는 것은 아니다. 직무 스트레스가 적고 소명감이 높을수록 탈진이 일어나지 않는 것은 사실이지만, 일부는 직무 스트레스가 많은데 소명감까지 높으면 탈진이 더욱

23 경영에서 소명의식

심화되기도 한다. 참으로 이상한 현상이다.

그렇다면 소명감이 높은데 탈진이 심해지는 원인을 찾아보자. 소명감을 갖는 것과 그 소명을 현실화하는 것, 그러니까 '소명을 갖는 것(having a calling)'과 '소명으로 사는 것(living a calling)'은 분명 다르다. 자신의 직업이 천직이라는 확신과 그 소명감으로 사는 것으로 인한 갈등이 크면 클수록 오히려 더 많은 스트레스에 시달리게 된다.

자신이 이상적이라고 생각하는 직업관이 분명히 있는데 그것을 삶 속에서 실현할 수 없을 때 스트레스에 시달리고 탈진하기 쉽다. 소명이 있어도 그 소명을 자신의 삶에서 충분히 실행하고 있지 못하다고 여기는 경우 삶에 대한 만족이 저하되어 스트레스 및 탈진이 유발되기 때문이다.

그러니까 탈진하지 않기 위해서라도 소명감을 현실화할 수 있는 여건이 갖춰져야 한다. 구성원들이 소명을 실천하려면 그들이 그것을 할 수 있는 환경이 필요하다. 하지만 그러한 환경을 제공하려면 관리자들이 적극적으로 노력해야 한다. 구성원들이 소명을 실천할 수 있는 여건을 만들어 주는 것이 매우 중요하다.

관계성이란 무엇인가

관계를 뜻하는 영어 '릴레이션(relation)'은 라틴어 '렐라티오(relatio)'에서 왔다. 그 동사형은 '다시(re-) 돌려주다(ferre)'라는 뜻의 '레페레(referre)'이며, '조정하다', '화합하다'라는 의미로까지 확대된다. 그러니까 관계란 다시 돌려주어 조정하고 화합하는 것이다.

관계를 맺는다는 것은 적절하게 조정하여 화합하기 위해 제 몫을 돌려주는 것이다. 그렇다면 그 관계란 결국 이해관계인 것이고, 어떤 일을 이루기 위해 서로 절충하는 것, 즉 '교섭'이 된다. 이것이 가능할 때 구성원 간에 신뢰가 쌓이기 때문에 조직에 대한 소속감을 높이게 된다.

그렇다면 관리자는 바로 관계성(relationship)의 측면에서 제 몫을 돌려줌으로써 조정, 화합을 이루는 사람이다. 관계성은 크게 수직적 관계와 수평적 관계에서 드러나는데, 관리자의 위치는 상하의 중간이니까 수직적 관계가 전제되어 있다.

그런데 현대 조직이 수평적 관계로 전환됨에 따라 그 역할이 상당히 애매한 상태다. 이런 때일수록 관계성의 기본 개념, 즉 제 몫을 돌려주어 조정과 화합을 이루어야 한다는 점을 놓쳐서는 안 된다.

하지만 애석하게도 많은 경우 관계성은 정당한 몫을 돌려주는 이해관계나 교섭이라는 측면보다, 단순히 타인이나 조직에 결속되고 싶은 욕망 정도로 인식되곤 한다. 이렇게 되면 관계성이 의리, 애사, 애향, 애교 등 소속감으로 오인되어 이해관계나 교섭이 편익을 취하는 것으로 변질될 수 있다. 앞의 것들은 좋은 것들이지만 때로는 다른 사람들을 해치는 일이 생길 수 있다.

예를 들어 의리를 위해 다른 사람들의 희생을 요구한다면 그것은 잘못된 관계다. 지연, 학연, 혈연 등에 얽매여 조절과 화합으로 정당하고 공평한 몫이 주어지는 자리까지 나가지 못하고 부정을 일으키는 원인이 된다. 관계 지향을 한낱 소속감으로 착각하기 때문이다.

관리자가 관계를 맺는다고 할 때 정당한 몫을 돌려주어 조절하는 것이 무엇보다 필요하다. 관리자가 손을 쓰지 않으면 한쪽으로 치우쳐 불공정이나 편 가르기, 불편부당이 생기게 된다. 누가 열심히 일하고도 그 대가를 받지 못하고 줄곧 부당한 대우를 받고 공평한 기회를 얻지 못하는지 살펴야 한다. 관계라는 것이 잘못 자리매김할 때 그런 불공정을 생산하게 된다. 관계성은 서로의 이해관계를 생각하면서 그것을 조정해 주는 상태라는 것을 명심해야 한다. 이것을 향한 것이 관계 지향인 것이며, 그것을 만드는 사람이 바로 관리자다.

그런데 어떤 관계를 통해 단지 이윤 추구만 있다면, 그것은 거래일 것이다. 관계성은 거래를 통해 화합에 이르게 한다. 화합에 이르지 못한 이윤만 있다면 거래로 마치는 것이고, 이윤이 서로에게 잘 조정되어 화합에 이르는 것이 관계성이다. 조절해서 이쪽저쪽에 치우치지 않게 만드는 단체가 교섭 단체다. 소속감에 목말라하는 한편에게 계속 억울한 사정이 생긴다면, 그 관계는 관계가 아니라 불공정이 된다.

진정성이란 무엇인가

최근 인문 경영에서는 진정성(authenticity)을 관계성으로 나가기 위해서 갖추어야 할 덕목으로 삼고 있다. 그래서 이른바 '진정한 리더십'에 대한 요구가 2000년대 들어오면서 본격화되었다. 2000년대 미국에서는 기업가들의 스캔들이 폭로되면서 그동안 영웅적 리더들로 거론되던 사람들의 위선이 목격됐다.

갖가지 추문이 꼬리를 물고 일어났다. 치밀하게 계획된 회계 부정을 낳았던 '엔론(Enron)', 100조 원의 회계 부정을 벌이고 파산한 '월드컴', 그 밖에도 '디즈니'의 마이클 아이스너, '크라이슬러'의 리 아이어코카, 'AT&T'의 마이클 암스트롱, 그리고 '시티그룹'의 샌디 웨일 등의 위선이 백일하에 드러났다.

초기에는 이런 사태에 대해서 경영인들이 회사 경영만 잘하면 됐지 그들에게 윤리까지 요구하는 것은 지나친 것 아니냐는 말도 나돌았다. 하지만 부정의 규모가 점점 커지자 이런 사람들이 리더가 되는 것에 대해 거센 반대가 일어나기 시작했다. 이런 배경에서 리더에게 진정성을 요구하기 시작한 것이다.

'진정성'을 의미하는 영어 '오센티서티(authenticity)'는 그리스어 '아우쎈티코스'에서 유래하며, 라틴어로는 '아우쎈티쿠스(authenticus)'다. 그 뜻은 '직접 자기 손으로 만듦'이다. 진정성이라는 것은 자신이 직접 만들어서 스스로 보증할 수 있는 것, 그 행동과 말에 책임질 수 있는 것 등을 말한다.

'진정성'은 최근 중요한 문학의 화두로도 거론되었다. 작가가 아무렇게나 픽션을 만드는 것이 아니라 어떤 진정성을 표현하고 있는지를 보는 것이다. 윤리학에서도 진정성은 중요한 주제다. 여러 분야에서 진정성이 보편적으로 주장되고 있다.

그런 반영이 리더십 이론이나 경영학에서도 나타난다. 현대 리더의 윤리에 관련된 리더십 이론들에서 진정성이 다시 거론되기 시작했다. 이것을 통틀어 윤리적 리더십이라고 한다. '서번트 리더십', '영성 리더십' 등이 이런 배경에서 강조되었다.

하지만 이런 식의 네이밍은 좀 특이한 현상이었다. 원래 '서번트'나 '영성'도 종교적 배경을 갖는 용어로 마치 미션이나 소명이 종교 개념에서 생겼듯이, 종교에 기대어 리더의 상을 정립하려는 시도이기 때문이다. 이것을 통해 소명감의 윤리적 실천을 종교성으로까지 극대화하려는 바람을 엿볼 수 있다. 직업이 더 이상 돈을 벌기 위한 수단이 아니라 소명을 이루어 나가는 삶의 방식이 되어야 스트레스와 탈진을 극복하고 위선과 부정부패를 막을 수 있다고 여기게 된 것이다.

1   "자기 인식은 성찰, 숙고, 반성을 통해 부여된다. 소명은 개인의 주
     관적 인식과 신념에 기초하며 자기 성찰, 숙고와 반성 등을 통해
     서 발생한다. 소명감이 없다면 결국은 직무 스트레스가 생기고 다
     른 사람보다 탈진에 더 많이 빠지게 된다."

          어떤 비전을 가진 회사에 입사한 직원이 그 임무에서 회사의 부
     름을 받았다고 생각하는 의식이 소명의식이다. 어떤 일을 할 때 그 일이 정말
     천직이라는 소명감이 있으면, 그 일을 하다 겪게 되는 어려움도 극복해 나갈
     수 있다. 자기 인식을 통해 소명을 갖게 된다면 다른 사람의 인정과는 상관
     없이 일 자체에서 성취감을 갖게 된다. 나는 타인의 인정을 받는 데 과도하
     게 연연하고 있는 건 아닌지 점검해 보자.

2   "관계를 맺는다는 것은 적절하게 조정하여 화합하기 위해 제 몫
     을 돌려주는 것이다. 관계 지향을 한낱 소속감으로 착각하면 지
     연, 학연, 혈연 등에 얽매여 공평한 몫을 돌려주지 못하고 부정을
     일으킬 수 있다."

          관계란 결국 이해관계인 것이고, 어떤 일을 이루기 위하여 서로
     절충하는 것, 즉 '교섭'이 필요하다. 관계는 단순히 친하게 잘 지내는 게 아니
     다. 이러한 맥락에서 내가 일터에서 맺는 관계는 어떠한지 점검해 보자.

3   "진정성은 자신이 직접 만들고 체험해서 스스로 보증할 수 있는
     것을 말한다."

          진정성은 그 행동과 말에 책임지는 것이다. 나의 말과 행동은
     타인에게 보이기 위함이 많은지, 아니면 일의 진정한 목적 추구를 지향하는
     지 스스로 성찰해 보자.

24

잠재력의
발견

육성

잠재력

능력

앙리 베르그송에 의하면, 잠재력은
자신의 과거 경험에서 찾을 수 있다.
또한 아리스토텔레스는 잠재력을
현실화하기 위해 감각 자극이
필요하다고 말했다.

현대 경영학에서는 조직 구성원들의 성과를 높이려고 지식과 기술을 넓히는 것이 매우 중요하다고 강조한다. 이런 활동을 육성(development)이라고 부르며 이는 프로모션에 이르는 길에 필수적인 과정이다. 육성의 의미를 잘 이해하기 위해서 그 어원부터 살펴보자.

육성

'육성하다'와 '개발하다'의 영어 '디벨로프(develop)'는 17세기 중엽에 나타난 언어이며, 프랑스어 '드블로페(developper)'에서 나온 것으로 추정된다. 영어로 뜻풀이를 하자면 'unfold', 'unfurl'이다. 'un-'은 부정을 뜻하고 'fold'는 접혀 있다는 뜻이니 '접힌 것을 펼치다' 정도의 뜻이다.

쓰임새가 없는 땅이나 건물 등을 사용할 수 있게 해 주는 '개발'도 'development'인데, 부동산의 잠재적인 가치를 펼쳐 내어 발전시킨다는 의미다. 마찬가지로 사람의 잠재력, 즉 역량을 끌어내어 발전시키는 '육성'도 같은 의미다. 즉 육성이란 잠재력을 발견하고 개발하는 것을 말한다.

그렇다면 육성은 훈련(training), 학습(learning)과는 어떤 차

24 잠재력의 발견

이가 있을까? 훈련은 특정 분야의 전문 기술을 연마하는 것을 말한다. 또한 학습은 구성원이 업무 성과를 향상시키고 비즈니스 목표를 달성하기 위한 지식 습득 과정을 말한다.

학습이 지식을, 훈련이 기술을 늘리는 데 주안점을 둔 것이라면, 육성은 지식과 기술의 영역 자체를 다른 분야까지 넓히고 적용할 수 있게 하는 것을 말한다. 이는 우리가 얻은 지식과 기술을 더욱 유용하게 활용하고 발전시키는 것을 의미한다. 우리는 육성을 통해 다양한 분야에서 적용 가능한 지식과 기술을 습득하고, 이를 통해 더욱 효율적인 일과 생활을 할 수 있다. 또한 더욱 발전된 모습으로 성숙할 수 있다.

한 분야에 속한 지식과 기술에 치우친다면 그것은 학습 내지 훈련이지만, 그 영역과 분야 자체를 넘어 확장시키는 활동이나 프로그램은 통틀어 육성이라 할 수 있다. 그러니까 어원에서 말하는 것처럼 다른 영역에서까지 '접힌 것을 펼치다'라는 의미를 그대로 지닌 것이 바로 육성이다.

그렇다면 육성이 필요한 사람을 어떻게 찾을 수 있을까? 학습을 통해서 찾을 수 있다. 학습에 대한 태도 여하에 따라 세 가지 타입으로 나타나는데 '미국 크리에이티브 리더십 센터'의 마이크 롬바드 교수는 적극적으로 학습하고자 하는 사람들은 10퍼센트, 소극적 학습자가 60퍼센트, 학습 거부자가 30퍼센트라고 설명한다.

이 중 대부분을 차지하는 소극적 학습자는 이전의 고정 관념을 계속 고수하려는 사고방식을 가지고 있다. 바로 이 소극적 학습자가 육성에서 가장 중히 여겨야 할 유형이다. 소극적 학습자의 고정 관념을 성장을 지향하는 사고방식으로 바꿀 수 있도록 동기 부여를 해 주면, 육성의 최대 효과를 얻을 수 있기 때문이다.

육성에서 중요한 것은 구성원들이 비전을 동경하며 동기를 부여받을 수 있도록 하는 것이다. 비전은 조직의 목표와 방향성을 나타내며, 그것을 향해 노력하는 것은 구성원들에게 큰 의미를 준다.

비전을 동경하는 예를 생각해 보자. 중세의 항해사들에게 배 만드는 법이나 항해술 등을 지식이나 기술로만 가르쳤다면 학습이나 훈련에 그쳤을 것이다. 하지만 항해사를 육성할 때는 바다를 동경하도록 가르쳤다고 한다. 조선술이나 항해술에만 만족했다면 단순히 기술 습득에만 머물렀겠지만, 바다를 동경하도록 하니까 바다로 나가기 위해서 필요한 것들, 이를테면 별자리를 비롯한 천문 관측, 날씨, 건강 등으로까지 영역이 확대되었다고 한다.

육성된 사람들은 학습과 훈련을 통해 잠재력을 여러 영역

　　　　　　　　　　　　24 잠재력의 발견

에 적용하고 확대할 수 있다. 무엇보다도 육성의 과정을 통해 자신의 잠재력을 자연스럽게 발견하고, 그때부터 그것을 다른 영역으로까지 개발시키겠다는 열정이 내면에서 불타오르게 된다. 그런 점에서 육성이란 할 수 없다고 여기거나 포기했던 일에 도전하며 잠재력을 발휘할 수 있게 만드는 것이다.

이것은 개인적 비전과 조직의 비전이 맞닿은 부분을 찾아내 함께 나갈 수 있는 길을 제시해 준다. 때로 우리는 자신에게 가능성을 제한하고 한계를 두어 성장의 기회를 놓치기도 한다. 하지만 육성은 그 한계를 극복하고 새로운 가능성을 발견하도록 돕는다. 우리 모두가 자신의 잠재력을 깨치고 육성을 통해 더 나은 미래를 만들어 나갈 수 있다.

잠재력

인간은 각자 자신의 잠재력(potential)을 가지고 태어난다. 이 잠재력은 대부분 말로 표현되는 지능(verbal intelligence)과 다르기 때문에 우리는 쉽게 드러내지 못한다. 그렇기 때문에 발견하기조차 힘들고, 발견한다고 한들 개발하기도 어렵다. 그래서 육성 프로그램을 운영할 때 주의 깊게 살펴봐야 할 점이 바로 잠재력 부분이다.

리더는 구성원이 어느 영역에 잠재력이 있는지, 또 어디에 천부적인 재능을 갖고 있는지를 살피고 적합한 역할과 영역을 찾게끔 힘써야 한다. 그 잠재력을 개발하여 구성원들이 능숙한 사람이 되도록 지속적 격려와 후원을 아끼지 말아야 한다.

하지만 잠재력을 정의하고 측정하는 것은 굉장히 어려운 일이다. 사람마다 잠재력이 다를 뿐만 아니라 그 잠재력을 수치화하고 측정한다는 것 또한 논란의 여지가 많기 때문이다. 어떤 사람이 어느 시각으로 보느냐에 따라서 잠재력에 대한 평가는 엇갈릴 수도 있다.

잠재력은 영어로 보통 '포텐셜(potential)'이라 하는데, 이는 라틴어 '포텐티알리스(potentialis)'에서 온 말이다. 우리말로는 '가능성'으로도 번역되는데, 좀 더 풀어 보자면 '현실화되어 있지 않고 숨어 있거나 현실화가 가능한 어떤 힘'을 말한다.

많은 경우 우리는 각자에게 잠재력이 있음을 알고 있다. 하지만 아직 발휘하지 않은 측면들이 있는 것도 사실이다. 자신의 능력을 최대한 발휘하기 위해서라도 우선 자신의 가능성이나 잠재력이 무엇인지를 알아야 한다.

그렇다면 각자의 잠재력은 어떻게 알 수 있을까? 20세기 프랑스 철학자 앙리 베르그송은 잠재력이 과거의 경험과 관련된다고 보았다. 초, 중, 고등학교 때 좋았던 일을 떠올리면 그때 자신에게 어떠한 경험이 중요했거나 자신이 어떤 활동을 빼어나게 잘했는지 기억할 수 있다. 당신이 이전에 좋아했던 경험이 있다면 그것을 다시 해 보면 어떨까? 그것이 나의 잠재력을 발견할 수 있는 계기가 될 수도 있다.

그다음 단계로, 발견한 잠재력을 현실화하려면 감각 자극이 필요하다. 아리스토텔레스는 잠재력을 현실화하려면 감각 자극이 필요하다고 했다. 잠재력을 최대한 발휘할 수 있도록 육성 프로그램을 구성하는 것은 매우 중요하다. 그것을 위해서는 감각 자극이 필수적이다.

자신에게 필요한 감각 자극은 개인별로 과거의 경험을 통해 추측이 가능하다. 잠재력을 현실화하기 위해서는, 과거에 어떤 경험과 감각 자극을 좋아했고 현재와 미래에 그 경험을 계속 좋아할지를 살피면 된다. 육성 프로그램에서 이런 특별한 잠재성을 발견하도록 하는 것이 무엇보다도 중요하다.

하지만 인재 육성 프로그램을 각 회사가 갖고 있음에도 불구하고 실효를 거두지 못하는 이유는 무엇일까? 구성원들이 프로그램에 적극적으로 참여하지 않기 때문이다. 참여율을 높이려면 구성원들이 자신의 경력에 적합한 육성 프로그램을 선택하도록 도와야 한다. 이를 위해 우리는 구성원들의 개인적인 성향과 경험을 고려한 계획을 세워야 한다.

단기적으로 1, 2년 후에, 그리고 장기적으로 10년, 20년 후에 자신이 어떤 능력을 발휘할지에 대한 경력 계획을 세울 수 있다면 육성 프로그램에 당연히 참여할 것이다. 또한 직무와의 연관을 통해 도전 정신을 심어 주고 주체적, 능동적 환경을 만들어 주어야 한다. 이러한 육성 프로그램은 구성원들이 전문적인 역량을 향상시킬 뿐만 아니라 조직 내에서의 역할과 책임을 더욱 잘 수행할 수 있도록 도와줄 것이다.

능력

최근 많은 직원들이 탈진에 빠지는 주된 이유 중 하나가, 자신이 성장할 것을 기대하고 직장 생활을 하지만 능력(ability)이 전혀 향상되지 않는 모습 때문이라고들 한다. 그래서 그런지 많은 직장과 조직에서 능력 개발을 무엇보다 중히 여기고 있다.

우리에게는 다양한 힘이 있다. 무한한 가능성을 지닌 잠재력도 힘이고 현실에서 자신의 능력을 유감없이 발휘하는 것도 힘이다. 이제 잠재력을 끌어내 현실화하는 힘인 능력에 대해서 살펴보자.

능력을 뜻하는 영어 '어빌리티(ability)'는 '~에 적합한 능력', '자격'이라는 뜻을 가진 라틴어 '하빌리타스(habilitas)'에서 왔다. '하빌리타스'의 동사 '하베오(habeo)'는 '가지다'라는 뜻이다. 따라서 '어빌리티'란 '현재 가지고 있는 능력'이며 '~에 적합한 능력'이다.

일반적으로 능력을 역량(competence)과 비교하는데, 역량은 일종의 잠재력으로 내면에 발휘할 힘만 가지고 있는 상태를 뜻한다. 역량이 가능성(potential)만 지닌 것을 의미하는 반면, 능력은 현재 필요한 실력이 밖으로 드러나거나 아주 가까운 미래에 곧 발휘할 수 있는 상태를 말한다.

능력과 역량은 힘의 개념을 다루는데 있어서 각각 현실화된 측면과 잠재된 측면에서 중요한 역할을 한다. 능력은 이미 보유하고 있는 기술이나 능숙함으로 인해 현실적으로 발휘되는 힘을 의미한다. 반면에 역량은 아직 발휘되지 않았지만 잠재적으로 보유하고 있는 능력이나 재능을 의미한다. 그렇다면 우리는 능력과 역량을 함께 발전시켜 나가야 한다.

능력은 지속적인 학습과 훈련을 통해 강화할 수 있다. 그리고 역량은 과거의 경험을 토대로 개발하기 위해 노력해야 한다. 결론적으로 능력이란 현재 가지고 있거나 미래에 습득할 수 있다고 확신하며 특정 목표를 이루는 데 필요한 지식과 기술이다.

(여기서 지식과 기술은 그리스 개념으로 치자면 '테크네'다. 테크네가 기술 또는 예술이기도 하지만 '하우투(how to)'를 아는 지식도 포함한다.)

여기서 능력은 특정 능력과 공통 능력으로 나뉜다. 특정 능력은 말뜻 그대로 특정 업무에 대하여 갖춘 특별한 능력을 말한다. 이때 특정 업무를 하기 위해서 필요한 능력을 다시 세 가지로 구분하는데, 업무에 대한 지식, 매뉴얼 및 방법을 아는 노하우, 그리고 업무에 대한 직접적 경험이 있다. 특정 능력은 어떤 경험을 통해 계속 축적되는 능력이기 때문에 이 능력을 키우기 위해서는 다양한 경험이 필요하다.

능력의 또 다른 하나는 공통으로 요구되는 능력인데, 이 공통 능력은 부서나 직급을 막론하고 회사의 구성원 전체가 반드시 갖추고 있어야 할 능력이다. 예를 들어 재정팀의 직원들은 어느 정도의 공통된 회계 능력이 필요하다. 조직에서는 개개인의 공통 능력 자체가 묻히지 않고 계속해서 개발될 수 있도록 관심을 기울여야 한다.

우리가 흔히 조직에서의 업무 능력을 수치화할 때 시간당 일의 양이라고 본다. 시간당 얼마나 많은 일을 했는지, 그리고 실제로 그 일을 얼마나 많이 실천했는지를 분석하게 되는데, 이것은 일의 효율성을 말해 준다.

만약 예상한 업무 능력이 나오지 않을 때는 경영진 및 조직의 리더가 직원들이 공통 능력과 특정 능력 중 어떤 능력이 떨어지는지를 평가하고 관찰해야 한다. 특정 능력에서는 뒤처지지 않는 사람이 공통 능력에서 뒤처지는 경우가 있거나, 아니면 특정 능력을 발휘해야 할 사람이 자신의 능력은 발휘하지 않고 다른 일에 전념하는 경우도 있다.

만약 업무 능력에 대한 평가가 없다면 조직 구성원들은 지금 당장 편할 수는 있지만, 조직을 전체적으로 봤을 때 그 구성원은 발전할 기회를 영영 상실하고, 결국 자신의 능력이 향상되지 않는 모습을 보면서 곧 직장에 대한 불만이 싹트게 될 것이다. 구성원의 능력이 발휘되지 않는 경우, 그 책임은 회사 전체가 떠안게 된다.

직원의 역량 및 능력 개발을 위한 평가는 잠재력을 끌어내는 동기 부여와 직접적으로 관련되어 있다. 그렇기 때문에 구성원의 육성을 위해서 평가와 함께 그에 따른 유동적인 시스템도 반드시 필요하다. 우리 조직은 어떤 모습인가? 육성 프로그램이 있는지 궁금하다. 만약 있다면 구성원들이 그것을 통해 발전하고 있는지도 살펴보자.

1 "육성이란 잠재력을 발휘할 수 있게 하여 개인적 비전과 조직의 비전이 맞닿은 부분을 발견하게 만드는 일이다. 육성에서 힘쓸 것은 구성원으로 하여금 비전을 동경하도록 하여 동기를 부여하는 것이다."

육성은 지식과 기술을 다른 분야에까지 적용하려는 것이다. 내가 지금까지 주로 학습한 지식과 훈련한 기술은 무엇이며, 앞으로 그것을 어떤 일에 어떻게 적용해야 하는지 점검해 보고 그 육성 방법을 고민해 보자.

2 "앙리 베르그송은 잠재력이 과거의 경험과 관련된다고 보았다."

잠재력을 발휘하고 현실화하려면 자신의 경험을 잘 파악하는 것이 중요하다. 과거에 좋아했던 경험과 감각 자극을 되짚어 보고, 현재와 미래에도 계속해서 좋아할 수 있는 것이 무엇인지 고민해 보자.

3 "본래 가지고 있는 잠재력은 대부분 말로 표현되는 지능과 다르기 때문에 잘 드러나지 않는다. 아리스토텔레스는 잠재력을 현실화하기 위해서는 감각 자극이 필요하다고 했다. 잠재력을 끌어내 능력을 발휘하도록 하려면 육성 프로그램에 반드시 포함시킬 것은 감각 자극이다. 자신이 어떤 능력을 발휘할지에 대한 경력 계획을 세울 수 있다면 육성 프로그램에 당연히 참여할 것이다."

최근 어떤 감각에 자극을 받은 적이 있는지 생각해 보자. 그리고 어떤 감각에 반응하는 것을 좋아하는지 분석해 보자. 그런 다음에 자극받고 싶은 감각에 대한 개인적인 욕망을 고객이 원하는 보편적인 원츠

(wants)로 바꾸어 이야기해 보자.

---

4   "역량은 가능성만 보이는 잠재력이며, 능력은 현재 필요한 실력이 밖으로 드러난 상태다. 탈진에 빠지는 주된 이유 중 하나가 자신이 성장할 것을 기대하고 직장 생활을 하지만 능력이 전혀 향상되지 않는 모습 때문이다. 만약 예상한 업무 능력이 나오지 않을 때는 경영진 및 조직의 리더가 직원들이 공통 능력과 특정 능력 중 어떤 능력이 떨어지는지를 평가하고 관찰해야 한다."

특정 능력은 그 업무에 대한 지식, 매뉴얼 및 방법을 아는 노하우, 그리고 특히 업무와 관련된 직접적 경험 등이다. 지금 내가 하는 일에서 바로 발휘할 수 있는 능력으로는 무엇이 있는지 이야기해 보자.

25

'평판자본'과
리스크 경영

균형 감각과
롤모델

리스크가 발생했을 때 상황을 지켜볼
것인가, 과감하게 도전할 것인가를
심사숙고하는 것을 리스크에 대한
'균형 감각'이라 한다.

2000년대 초 기업 및 여러 조직에서 '평판자본(reputational capital)'이 큰 이슈로 떠올랐다. 많은 사람들로부터 받는 다양한 평판은 그 자체로 큰 가치를 지니고 있다. 긍정적인 평판은 우리의 자신감을 높여 주고, 부정적인 평판은 우리가 더 나은 방향으로 나아갈 수 있도록 도와준다.

이러한 평판은 우리가 가진 자산보다 더욱 큰 가치를 지니고 있다. 정기적으로 '평판 감사(reputational audit)'를 시행하는 것은 매우 중요하다. 이를 통해 자신의 비지니스가 어떻게 인식되고 있는지를 파악할 수 있다.

그뿐만 아니라 '소비자 평판'은 기업의 마케팅과 커뮤니케이션의 결과 및 효과(effect)로서 소비자가 상품이나 기업의 행위에 대해 갖게 되는 생각을 말한다. 소비자들이 기업에 대해 긍정적인 평판을 가지게 되면, 그 기업은 초과 시장 가치를 창출할 수 있다.

소비자들은 제품을 구매할 때 기업의 평판을 고려하곤 한다. 기업이 소비자들로부터 좋은 평가를 받는다면 그 기업은 더 많은 고객을 유치하게 되기 때문에 이는 다시 매출 증가로 이어진다. 또한 긍정적인 평판은 기업의 브랜드 가치를 높이는 데에도 큰 역할을 한다. '평판'이 그 어느 때보다 더 중요하게 취급되는 지점이다.

평판자본

'평판'이라는 뜻의 영어 '레퓨테이션(reputation)'은 라틴어 '레퓨타티오(reputatio)'에서 왔다. 're'는 '다시'를, 'putatio'는 '생각함'을 뜻하는데, 두 단어를 합하면 '다시 생각함' 혹은 '곰곰이 생각함'을 의미한다. 여기서 더 나아가 다양하게 '고찰', '재고', '숙고'라는 의미도 지닌다. 영어로 풀이하자면 'think again' 또는 'think over'가 된다. 특히 『옥스퍼드 영어사전』은 'reputation'을 "어떤 사물 또는 인물에 대해 곰곰이 생각하여 갖게 된 비평, 세평(세상의 평가), 명성, 덕망"으로 풀이하면서, 도덕적 가치를 포함한다는 점을 명시하고 있다.

평판에 도덕적 의미가 내포되었다는 점은 기업의 '평판자본'에 그 진실성까지 담겨 있다는 사실로도 목격된다. 따라서 기업의 자산 가치가 금융 능력만이 아니라 좋은 평판을 통해서도 더욱 높아질 수 있다는 점을 고려해야 한다.

그렇다면 '평판자본'의 기본 토대는 무엇일까? 경제적으로 부실이 없어야 하며, 지역 사회에서 인정을 받고 도덕적 평판에도 문제가 없어야 한다. 또한 평판을 관리하기 위해서 대중의 인식, 재정적인 지표, 신뢰할 수 있는 기업 경영에 대해 측정할 수 있는 지표인 평판 지수 RQ(Reputation Quotient)를 활용하기도 한다. RQ 측정을 위해 세분화된 지표가 바로 「평가 지수의 여섯 가지 차원 20개 항목」이다.

① 감정적인 어필(호감, 신뢰, 존경)

② 상품 제공(브랜드 강도, 혁신성, 품질, 가치)

③ 비전과 리더십(동기 부여, 강한 리더십, 투명성)

④ 작업장 환경 요인(관리, 분위기, 조직원 재능)

⑤ 재정적인 수행 능력(과거 결과, 낮은 위험도, 성장 가능성, 기회 요인 인식)

⑥ 사회 책임성(시민 의식, 환경 의식, 윤리성)

이 항목의 지표는 excellent 〉good 〉average 〉poor 〉bad로 구분되며, 이것으로 현재의 평판 정도를 알 수 있다. 평가 지수는 외부 평가뿐만 아니라 내부 직원들의 평가도 함께 봐야 한다. 가장 소중한 자산은 내부 직원이기 때문이다.

자신이 몸담고 있는 조직의 평판을 위해서 직장 생활을 한다면 그것만큼 바람직한 구성원도 없을 것이다. 구성원을 육성하는 과정에서 우리는 그들의 미래를 위해 평판에 대한 사항까지 고려해야 한다.

리스크 경영

리스크 경영은 모든 기업에 필수적인 작업이다. 불확실성이 존재하는 시장에서 경영을 하다 보면 예기치 못한 위험에 노출될 수 있기 때문이다. 이러한 위험을 최소화하기 위해서는 리스크 관리가 필요하다. 리스크 관리란 불확실성을 최대한 확실성으로 바꾸는 작업이다. 이를 통해 기업은 위험을 예측하고 대처할 수 있다.

리스크의 어원은 17세기 프랑스어 '리스크(risque)'에서 왔는데, '위험'이라는 뜻도 있지만 '위험에 맡기기'라는 뜻도 있다. 즉 '리스크가 있다'라는 말은 위험이 있다는 뜻 외에 '위험에 맡긴다'라는 뜻을 갖기도 한다. 이런 의미를 고려할 때 리스크는 위험 자체라기보다는 '불확실성'으로 이해하는 게 보다 더 유용하다.

리스크 관리에 대한 관심은 기계를 돌리는 데 위험 요소가 많았던 제조업 분야에서 시작되었다. 공장을 가동할 때 리스크가 있을 경우 단순히 기계를 멈추는 것이 아니라 리스크를 분석하는 것이 중요하다. 이것은 기계를 돌릴 때 발생하게 될 불확실한 상황을 분석해서 기계를 멈출지, 아니면 과감하게 위험 요소를 제거하여 작동시킬지를 판단하는 것과 같다.

삶 속에서 자주 마주치는 상황이 있다. '리스크가 발생했을 때 상황을 지켜볼 것인가, 아니면 과감하게 도전할 것인가?' 우리는 언제나 안전한 선택과 도전적인 선택 사이에서 고민하게 된다. 하지만 삶은 도전과 위험 없이는 성장할 수 없다는 것을 기억해야 한다. 어떤 회사가 위험 부담이 있는 일인데도 그 위험을 감수하고 과감하게 도전한다면 선두 주자가 될 수 있기 때문에 그만큼 좋은 입지를 차지하게 된다. 반면 조금 더 상황을 지켜보느라 이미 뒤처진 상황에서 일을 시도하면 선점하지 못하여 생기는 문제들이 발생할 수 있다.

이렇듯 리스크가 발생했을 때 상황을 지켜볼 것인가, 과감하게 도전할 것인가를 심사숙고하는 것을 리스크에 대한 '균형 감각'이라 한다. 리스크가 있다고 무조건 회피하는 것이 아니라 상황에 따라 그 리스크에 대한 대처가 다르기 때문에 리스크를 정확하게 분석하는 것이 리스크 균형 감각을 지니는 데 유익하다. 특히 팀장급 관리자들을 육성할 때 리스크 균형 감각을 갖추게 하는 것이 중요하다. 리더에게 가장 중요한 역량 중 하나는 리스크 관리 능력이다.

좀 더 구체적으로 말하자면, 리스크 분석이란 지금 추진하려는 사업이 고위험인지 저위험인지를 예측하는 것이다. 리스크는 두 가지로 나뉘는데, 위험은 크지만 다른 경쟁자가 없기 때문

25 '평판자본'과 리스크 경영

에 지금 해 볼 가치가 있어서 선점 효과가 있는 것이 고위험이다. 반면 안전하기 때문에 실패 위험이 적지만 고수익의 효과는 없는 것이 저위험이다. 고수익을 위해서는 아무래도 경쟁자가 없어야 하는데, 저위험에 속한 사업을 한다면 경쟁자가 많아진다.

고위험과 저위험에 대해 분석한 다음 거기에 적절한 대응 전략을 내놓게 된다. 고위험에 대한 대책은 도전하기 위한 주도면밀한 계획이 필요하다. 또한 사업에 실패하여 큰 손해를 입었을 때의 대책도 준비해야 한다. 반면에 저위험에 대한 대책은 단시일 내에 유행이 끝날 경우 직면하게 될 손해에 대한 대책이 필요하다.

리스크에 대한 분석을 등한히 하고 안전을 우선시한다면 성장이 멈추고 퇴보하는 경우가 많다. 과거 우리는 교육 현장에서 어릴 때부터 만장일치가 좋은 것이라고 주입받으며 살았다. 하지만 유대인의 격언에는 "만장일치 의결은 무효"라는 말이 있다. 그 이유는 무엇일까? 사실 주위 사람들이 모두 찬성하는 안건이라면 보통 사람들이 생각할 수 있는 진부한 경우가 대부분이다. 만장일치라는 것은 그 안건이 불을 보듯 너무나 뻔한 것이기 때문에 세부적인 계획을 등한히 하기 쉽다. 바로 여기에 문제가 도사리고 있는 것이다.

하지만 대부분의 사람들이 반대하는 안건은 신규 사업이

거나 혁신적인 사업일 수 있다. 그렇기 때문에 세부적으로 비판과 검토를 통해 리스크를 감수하게 한다. 리스크를 감수하면서 일할 수 있는 어떤 여건을 마련하는 것이 사실은 기업의 긴장감과 혁신성을 끌어올릴 수 있는 최대 장점이다. 항상 구태의연한 일을 한다고 하면 그 회사 내부에는 어떤 긴장감도 없을 것이며 활기도 사라져 그 업체는 어느덧 업계에서 경쟁에 밀려 도태되기가 쉽다.

'성공은 내 덕, 실패는 네 탓'이라는 말이 있다. 하지만 '실패는 내 탓, 성공은 네 덕'이라 생각하는 것이 리스크 관리에 더 적합한 자세다. 실패는 때때로 누구나 마주치는 일이다. 하지만 그것이 운이 없어서 생긴 것이라고 생각하기보다는, 예측하지 못한 상황에서 자신의 판단이 부족했다는 것을 인지하고 더 나은 방향으로 나아가는 것이 중요하다. 그렇게 할 때 만약에 생길지도 모르는 모든 리스크를 예측하고 그 리스크를 최대한 억제한 다음 충분한 준비를 통해 행동을 취할 수 있게 된다. 그렇게 리스크를 분석하고 그 리스크에 과감하게 도전할 때 보다 더 혁신적인 사업으로 성장하게 될 것이다.

롤모델

리더가 구성원들에게서 잠재력을 보았다면 그것을 당사자에게 구체적인 언어로 표현할 수 있어야 한다. "당신은 음악적 능력이 있다. 비트감이 뛰어나고 박자 감각을 타고났어." 이렇게 구체적으로 말할 수 있어야 한다. 그리고 이런 표현을 통해 해당 영역의 롤모델(role model, example)을 선정할 수 있도록 지지해 준다. 롤모델의 사전적 정의는 "자기가 해야 할 일이나 임무 따위에서 본받을 만하거나 모범이 되는 대상"을 말한다.

인간은 성장 과정에서 무의식적으로 롤모델을 갖는다고 한다. 사람의 두뇌에 있는 거울신경이 본받을 다른 사람을 찾게끔 하는데, 플라톤과 아리스토텔레스는 모방론, 즉 '미메시스론'으로 이것을 설명하곤 했다. 모방론은 성장 과정 중 누구나 본능적으로 본보기(example, 이데아)를 자신의 롤모델로 삼을 수밖에 없다는 것인데, 가장 큰 이유는 자신의 잠재력을 현실화할 수 있는 구체적 예를 보려는 본성 때문이다.

그런데 이런 롤모델을 단순히 머리로 아는 정도가 아니라 그 대상이 자신을 알고 있는가도 중요하다. 그러니까 롤모델과 자신이 서로 아는 상호 관계가 형성될 때에야 그 효과를 극대화할 수 있다.

트와일라 타프(Twyla Tharp)는 미국의 안무가로, 자신이 어떤 행동을 할 때 롤모델을 떠올리는 것으로 유명하다. 롤모델은 우리가 따라가고 싶은 사람, 배우고 싶은 사람, 그리고 우리가 되고 싶은 모습을 보여 주는 사람이다. 그녀는 자신이 안무를 할 때마다 한쪽에서 자신을 지켜보고 있는 롤모델을 떠올렸다. 그녀는 이 롤모델을 '인비저블 멘토(Invisible Mentor)'라고 칭하고는 롤모델과 자신의 상호 관계성을 형성했다고 한다.

사실 롤모델은 가능한 한 직접 대화를 나눌 수 있고 자신의 상황을 점검해 줄 수 있어야 한다. 그래야 자신의 잠재력을 조직 안에서 구체화할 수 있는 실제적 교훈을 줄 수 있다. 그렇다면 상호 관계성을 형성할 수 있는 가장 바람직한 롤모델은 아마도 그 조직의 리더일 것이다.

리더가 좋은 롤모델이 되기 위해서는 우선 자신보다 뛰어난 인재를 세우고, 편견에 빠지게 하는 친밀함이 아닌 능력 평가로 인재를 육성할 수 있어야 한다. 그뿐만 아니라 인재들 사이에서 발생하는 경쟁과 갈등을 예측하고 주시하여 해결할 수 있어야 한다.

인재를 육성할 수 있는 리더는 자신보다 뛰어난 능력을 가진 사람들이 자신의 부하 직원이나 동료가 되는 것을 두려워하지 않는다. 누가 되었든 협업하고 조력하는 사람들이 인재를 만들 수 있으며, 그렇게 할 수 있는 리더가 진짜 인재다.

이제 육성에 너무 부담감을 갖지 말자. 진정한 육성을 위해서는 조직 내에서 자유롭게 대화할 수 있는 분위기를 만드는 것이 가장 중요하다. 서로 소통하고 의견을 나누며 함께 발전해 나가는 것이 육성의 핵심이다. 조직 내 자유로운 분위기 속에서 서로를 이해하고 존중하는 마음을 잊지 말자. 이렇게 함께 노력하면 진정한 육성이 이루어질 것이다.

1 "'소비자 평판'은 기업의 마케팅과 커뮤니케이션의 결과 및 효과로
   서 소비자가 상품이나 기업의 행위에 대해 갖게 되는 생각을 말한
   다. 평판은 어떤 사물 또는 인물에 대해 곰곰이 생각하여 갖게 된
   비판, 세평, 명성, 덕망으로 풀이되면서 도덕적 가치를 포함한다."

   특정 기업에 대하여 소비자로서 직접 평가를 해보자.

2 "평판자본의 기본 토대는 경제적으로 부실이 없어야 하며, 지역
   사회에서 인정을 받고 도덕적 평판에도 문제가 없어야 한다는 것
   이다."

   각자 우리 회사는 어떤 평판자본을 갖고 있는지 말해 보자.

3 "리스크가 발생했을 때 상황을 지켜볼 것인가, 과감하게 도전할
   것인가를 심사숙고하는 것을 리스크에 대한 '균형 감각'이라 한
   다. 리스크에 대한 분석을 등한히 하고 안전을 우선시한다면 성장
   이 멈추고 퇴보하는 경우가 많다."

   **내가 한 일 가운데서 리스크를 감수했을 때 성공했거나 실패한
   사례를 예로 들어 보자.**

4 "만장일치라는 것은 그 안건이 불을 보듯 너무나 뻔한 것이기 때
   문에 세부적인 계획을 등한히 하기 쉽다."

   너무나 당연하게 생각했던 일이 예상대로 되지 않았던 경험을

이야기해 보자.

---

5   "잘되면 남의 덕, 실패하면 내 탓이라는 자세를 가져야 '리스크 균
     형 감각'이 생긴다."

          어떤 프로젝트나 일이 잘못되었을 때 나는 책임을 지는 편인지
     아니면 남의 탓을 하는 편인지, 과거 경험을 반추해서 점검해 보자.

---

6   "인간의 본성은 자신의 잠재력을 현실화할 수 있는 구체적인 예를
     보고자 하기 때문에 롤모델을 필요로 한다."

          나에게 롤모델이 있다면 어떤 점에서 그러한지 이야기해 보자.
     만약 롤모델과 소통하는 관계라면, 어떤 점에서 나에게 유익했는지 그 경험
     을 이야기해 보자.

---

7   "자신보다 더 뛰어난 사람을 육성할 수 있는 리더가 진짜 인재다."

          리더는 인재를 알아볼 수 있어야 한다. 나는 구성원들이 어떤
     능력을 발휘할 수 있도록 해 주는지 구체적인 예를 들어 보자. 또 리더가 나
     의 능력을 발휘할 수 있도록 해 준 적이 있다면 그 경험을 이야기해 보자.

우물 안에 갇힌 개구리 탈출기

"당신 말이라면 믿을 만하지."처럼 기분 좋은 평가도 없을 것이다. 누군가 나의 말을 듣고 신뢰한다면 그가 나를 소중히 여기고 내 생각과 의견을 존중한다는 뜻이기 때문이다. 말하는 사람은 각자 나름대로의 객관적 근거를 주장하겠지만 그 사람이 최종적으로 무엇에 근거한 것인지에 따라 신뢰성이 판가름 난다. 그럴듯한 말이라도 사실과 다르게 해석하거나 한쪽으로 치우친 주장을 한다면 그의 신뢰성은 큰 타격을 입는다.

하지만 누군가 그의 말이 불신할 만한데도 이런저런 이유로 무조건 믿는 사람이 있다면, 그는 마치 우울 안 개구리처럼 되기 십상이다. 그래 봤자 그가 믿는 말의 권위는 그 영역 밖에 서는 효력이 없다. 또 다른 분야에서 동일한 말이 전혀 다른 의 미로 쓰인 것을 발견하고 나면 그 우물 안의 말들로 세워진 사 상 체계는 그저 허상일 뿐이다.

이런 현상이 우리의 기업 환경에서도 발견된다. 인기 있는 주제라도 생기면 그것이 특정 조직에서 불처럼 유행한다. 하지만 어떤 주제는 처음에는 신선하고 강렬해 보이지만 시간이 지나면 서 그 허위성이 드러나기도 한다. 곧 유행에 편승한 기업의 문화 와 가치관이 조직 내부의 구성원들과 맞지 않고 조직 내부의 구 성원들은 기업 문화와 가치관에 대한 부정적 시각을 갖게 되면 서 업무 수행과 성과에 영향을 미치게 된다. 따라서 조직의 리더 는 사용하는 언어의 신뢰성 여부를 따지는 것을 최우선 과제로 삼아야 한다.

언어의 나침반

그렇다면 불신의 우물을 탈출하는 방법은 없을까? 그것은 예상 외로 쉽다. 바로 언어의 정확하고 명확한 의미를 살피는 것 이다. 물론 언어만으로는 충분하지 않지만 사용하고 있는 언어 에 대한 정확한 이해가 신뢰성을 회복하는 첫걸음이다.

만약에 나침반이 잘못된 방향을 가리키고 있다면, 우리는 결국 어딘가에서 헤매게 될 것이다. 올바른 목적지에 도착하려면 특정 단어에 대한 정확한 파악이 필요하다. 그렇게 될 때 우리는 올바른 목적지에 도착할 수 있다. 언어는 언제나 우리를 이끌어 주는 나침반이 되어 준다.

특정 단어는 그 의미를 파악하기가 쉽지 않다. 여러 가지 요인과 함께 단어는 다양한 변천의 역사를 갖기도 하지만 사용자들의 새로운 표현이나 신조어에 의해 창조적인 과정을 거친다. 이런 변화는 때로 소통의 장애와 오해를 불러오지만 그나마 다행인 것은 시공간에 따라 그 의미가 조금씩 변할 뿐 급격하게 변하는 경우는 드물다는 점이다. 그렇다면 역사의 변천 속에서도 꿋꿋하게 보존되고 있는 단어의 알맹이를 파악한다면 그 말의 의미가 어느 정도 확보된다.

하지만 우리 조직들은 진정성이라는 단어가 빠지지 않고 나오는 요즘, 안타깝게도 언어의 신뢰성이 나올 만한 시스템을 구축하지 못하고 있다. 대기업들은 다른 나라들보다 수직 계열화가 더 심하며 보수적인 성향도 강한 데다가 변화보다는 조직의 현상이나 기존 방식을 유지하는 데 급급하고 그 결과 과장광고의 언어 구사에 능숙하기 때문이다.

이런 태도는 기업 내 교육 프로그램에서도 여실히 드러나

에필로그

고 있다. 교육의 본보기 자체가 미국에서 1950~1960년대에 유행하던, 제조업 분석에 바탕을 둔 시대에 뒤떨어진 이론의 답습에 불과하다. 이 이론들은 현대적인 비즈니스에 적용하기에는 많은 한계가 있다. 이 사실은 조직에 치명적이다. 당연히 교육은 지속되어도 혁신은 있을 수 없다.

이 문제를 해결하려면 기존의 교육 방식에서 벗어나 새로운 아이디어를 도입하고, 교육의 효과를 측정하며 지속적으로 개선해 나가는 것이 무엇보다 중요하다. 단어에 덕지덕지 붙은 찌꺼기를 제거하고 알맹이에 집중해야 할 이유가 여기에 있다.

진정한 리더

그렇다면 리더는 무엇부터 해야 할까? 리더는 무엇보다도 언어의 나침반을 준비해서 방향을 제시해야 한다. 20세기 독일 철학자 에드문트 후설은 "표시(indication)가 동기 부여"라는 말을 『논리 연구 2』에 남겼다. 오늘날의 말로 바꾼다면 리더는 특정 언어를 표시하여 그것으로 가치를 드러내면서 동기 부여를 하는 사람이다. '표시'는 어원상으로 따져 보면 자기 자신과 동료 멤버들 '안에다(in-) 말함(dicatio)'이며 '동기 부여'는 '움직이게 함'을 뜻한다. 그렇다면 말이라는 것은 '내면에 말하여 움직임'을 뜻한다.

만약 리더가 그 말에 신뢰성을 상실한 채 자신의 권위만을 내세우고 더구나 강압적이라면 아마 직원들은 입을 꾹 다문 채 시키는 일만 겨우 해낼 것이다. 이런 리더는 직원들의 기피 대상 1호다. 그는 설령 직원들을 행동하게는 할지라도 결코 그들의 태도를 바꾸지는 못한다. 그래서 당연히 좋은 성과도 기대할 수도 없다. 결국 이런 상황에서 가장 큰 피해를 입는 건 조직 전체다. 능력 있는 리더가 되려면 자신과 동료의 내면에 말하여 움직이게 해야 한다. 이 사실을 꼭 명심하자.

세계는 이미 지난 20여 년 동안 리더에 대한 기준을 바꾸고 있다. 2000년대 미국에서 기업가들의 스캔들이 폭로되면서 그동안 영웅적 리더들로 거론되던 사람들의 위선이 목격됐고 따라서 소위 '진정한 리더'에 대한 요구가 본격화되었다. 진정성을 갖추려면 자신이든 동료든 겉과 속이 동일해야 한다. 상대방을 속이거나 위선적인 행동을 하면 신뢰는 사라지게 된다.

따라서 항상 자신의 모습을 솔직하게 드러내며 자신의 실력과 경험을 전달하는 것이 중요하다. 자신의 가치관과 신념을 분명하게 하고 그것을 바탕으로 행동할 때 진정성이 나타난다. 진정성이 묻어나는 언어 사용 방식과 표현력이 사람을 움직이게 하며 새로운 감동을 선사한다.

에필로그

우물 안에 갇힌 언어 구출기

지금까지 수많은 리더들은 팀을 이끌어야 하는 입장에서 항상 노심초사했다. 처음에는 솔선수범하여 모범을 보이려고 애썼다. 회식 자리에서는 분위기 메이커로 활약했고 업무 시간 외에도 수시로 연락하면서 친밀감을 쌓으려고 노력했다. 그러나 이러한 방식에는 한계가 있었다. 근본적인 해결책이 아니기 때문이다.

본인 스스로 고정된 사고방식 안에 갇히려는 리더는 없을 테지만 무의식중에 형성된 고정 관념은 그 사람을 대부분 자신이 아는 언어 정도만큼의 의미에만 갇히게 한다. 새로운 시각과 관점을 획득하려면 언어의 깊은 의미를 알아야 한다.

세상은 시대에 따라 변하지만 과거와 현재, 그리고 미래에도 모두가 공유하며 우리나라뿐만 아니라 다른 세계의 사람들도 동일하게 생각할 수 있는 것들이 있다. 언어의 깊은 의미는 고대부터 현대에 이르는 흐름 속에서 변하는 것과 변하지 않고 유지되는 것을 알게 한다. 우리가 살고 있는 세상과 다른 시대에도 모두가 이해했던 것들, 그리고 세계 각국의 사람들도 이해할 수 있는 것들은 무엇일까? 아마도 우리가 느끼는 가슴 뿌듯한 감격이나 아름다운 행동을 통한 깊은 감동 같은 것들이 거기에 해당할 것이다.

그래서 우리는 다양한 문화와 역사의 변천 속에서도 면면히 이어지는 의미의 뿌리에 관심을 가지며, 또 그것을 통해 우리는 자신의 사고방식을 넓히고, 더욱 창의적인 문제 해결 능력을 갖출 수 있을 것이다. 사람이든 사물이든 무엇이든 항상 열린 시선으로 바라보게 될 것이다.

이제 처음의 질문으로 돌아가 보자. 어떻게 해야 리더로서 다른 사람들로부터 신뢰를 얻을 수 있을까? 이제 분명해졌다. 겉과 속이 다르지 않은 진정한 리더가 되는 것이다. 하지만 그 길은 멀리 있거나 어려운 것은 아니다. 그것을 위해서 사용하고 가르치는 언어들의 의미의 뿌리에 조금 더 다가가면 되겠다.

그 언어의 알맹이를 바탕으로 더 나은 세상을 내가 속한 조직에서 만들어 가면 될 것이다. 그리고 이를 위해서는 우리 자신부터 변화해 나가야 한다. 우리의 소중한 감정과 가치를 지켜 가며, 서로 존중하고 협력하여 더욱 풍요로운 세상을 만들어 나가길 바란다.

2023년 5월

김동훈

에필로그

리더의 언어사전

1판 1쇄 찍음 2023년 5월 25일
1판 1쇄 펴냄 2023년 6월 1일

지은이   김동훈
발행인   박근섭·박상준
펴낸곳   (주)민음사

출판등록   1966. 5. 19. 제16-490호
주소   서울특별시 강남구 도산대로1길 62(신사동)
           강남출판문화센터 5층 (우편번호 06027)
대표전화   02-515-2000 ㅣ 팩시밀리 02-515-2007
홈페이지   www.minumsa.com

© 김동훈, 2023. Printed in Seoul, Korea

ISBN 978-89-374-2784-8 (03320)

* 잘못 만들어진 책은 구입처에서 교환해 드립니다.